LA VIE SECRÈTE DES BÊTES

La préhistoire

COLLECTION LA VIE SECRÈTE DES BÊTES

- ☐ La préhistoire
- ☐ Dans les bois et forêts
- ☐ Dans le grand nord
- ☐ Dans les déserts
- ☐ Les bords de mer
- ☐ Dans l'océan
- ☐ Dans la grande prairie
- ☐ Dans la savane
- ☐ Dans les montagnes
- ☐ Dans les lacs et rivières
- ☐ Les rapaces d'Europe
- ☐ A la campagne
- ☐ Dans les jardins et les maisons
- ☐ Dans les forêts vierges

La vie secrète des bêtes

La Préhistoire

Texte de Michel Cuisin
ATTACHE AU MUSEUM NATIONAL
D'HISTOIRE NATURELLE

Illustrations de José Olivier

HACHETTE
Jeunesse

A la recherche

Les petits fossiles et les blocs de charbon nous donnent une idée approximative de la faune et de la flore qui existaient il y a très longtemps. Les premiers, que l'on peut trouver au bord des chemins ou dans les carrières, sont, en effet, le plus souvent des empreintes incomplètes de coquillages. En examinant les seconds, il arrive que l'on rencontre des moulages de feuilles. Des savants, les paléontologistes, se sont consacrés à leur étude ; en faisant des fouilles systématiques sur tous les continents, ils ont réussi à constituer une documentation de plus en plus vaste sur ce qu'était le monde avant nous.

Les fossiles témoins de l'histoire du globe.

Les fossiles, en général, sont emprisonnés dans des roches, mais on en trouve également dans les gisements naturels de bitume, dans l'ambre (qui est une résine fossile), dans la tourbe et, enfin, dans le sol perpétuellement gelé de la Sibérie, de l'Alaska et du Canada. Les calcaires, les schistes et les argiles sont les roches qui contiennent le plus de fossiles, car elles sont formées de sédiments assez fins ; en revanche, les roches granitiques ou volcaniques en sont dépourvus car elles résultent de matériaux ayant subi une fusion.
L'étude minutieuse des fossiles de plantes et d'animaux, de leur structure comme de leur répartition, a permis de donner une description assez précise de l'histoire du globe. Mais la Terre n'a pas fini de nous livrer ses mystères ; chaque année, les savants découvrent de nouveaux fossiles d'animaux préhistoriques, c'est-à-dire ayant vécu avant l'apparition de l'écriture.

Les durées et les âges sont des estimations

Le tableau ci-contre présente une vue d'ensemble de la succession des différentes périodes géologiques ; en outre, il indique à quelles époques sont apparus les grands groupes d'animaux et de plantes que nous connaissons.
Au cours de chaque période, la surface du globe a connu d'importantes transformations : des continents ont surgi, d'autres ont disparu, les mers se sont avancées ou se sont retirées, des chaînes de montagnes sont apparues. C'est seulement depuis peu (à l'échelle de l'histoire du monde) que les paysages actuels se sont formés.

Des reconstitutions aussi fidèles que possible

Les illustrations de ce livre représentent des animaux préhistoriques. Elles sont toutes (sauf quand il s'agit d'espèces récemment disparues) des reconstitutions fondées sur l'étude du squelette et la comparaison avec des espèces qui leur ressemblent. Il n'est donc pas possible d'affirmer que tous les détails, et notamment ceux qui concernent l'aspect de la surface du corps (la couleur, par exemple), sont absolument exacts, car les modèles ont cessé de vivre depuis des millions d'années !

Ère	Période	Époqu
Cénozoïque = Tertiaire + Quaternaire	Quaternaire	Holocèn (actuel) Pléistocè
	Tertiaire	Pliocèn
		Miocèn
		Oligocèn
		Éocèn
		Paléocèn
Mésozoïque = Secondaire	Crétacé	
	Jurassique	
	Trias	
Paléozoïque = Primaire	Permien	
	Carbonifère	
	Dévonien	
	Silurien	
	Ordovicien	
	Cambrien	
Azoïque*	Précambrien	

* et Cryptozoïque

des temps préhistoriques...

Durée (en millions d'années)	Âge	Principaux événements et organismes caractéristiques
	1,8	Glaciations. Mammouths. Flore actuelle.
3,2	5	Mastodontes. Apparition de la flore actuelle.
20	25	Formation des Alpes. Moropus.
15	40	Baluchitherium. Grands oiseaux coureurs.
15	55	Premiers ancêtres des chevaux.
10	65	Retrait des mers. Expansion des mammifères. Développement des plantes à fleurs.
70	135	Premières plantes à fleurs. Disparition des dinosaures. Élévation du niveau des mers.
65	200	Extension des mers. Cycadales nombreuses. Ammonites, dinosaures. Premiers oiseaux.
25	225	Prédominance des conifères. Apparition des cycadales (plantes). Premiers dinosaures. Premiers mammifères.
55	280	Un seul continent. Disparition des prêles et lycopodes géants. Disparition des trilobites.
20	300	Forêts de lycopodes, fougères et prêles. Apparition des reptiles et des insectes. Formation des dépôts de houille.
95	395	Soulèvement de la Terre. Premières plantes à graines. Apparition des batraciens (amphibiens).
45	440	Premières plantes terrestres. Poissons cuirassés.
60	500	Extension des mers. Algues. Trilobites. Premiers poissons.
100	600	Mers très étendues. Seulement des invertébrés.
4 000	4 600	Algues et bactéries. Premiers invertébrés.

Les invertébrés préhistoriques

Une libellule géante. C'est il y a environ trois cents millions d'années, au Carbonifère, que vécurent les plus grands insectes connus, du moins si l'on ne tient compte que de leur envergure. A cette époque, en effet, d'énormes libellules survolaient les marécages envahis par les prêles, les fougères et les lycopodes géants. L'empreinte d'un exemplaire de libellule, trouvée en France dans le bassin houiller de Commentry, ne mesure pas moins de soixante-quinze centimètres entre les extrémités des ailes ! Malheureusement, en raison de la fragilité de leur corps, ces très anciens insectes ne nous ont laissé qu'un nombre infime de vestiges. En revanche, on connaît mieux un certain nombre d'invertébrés assez récents ; cela parce que leur corps a été conservé dans l'ambre, une résine fossilisée qui provient des conifères et remonte à cinquante millions d'années ou moins. Ces restes ont été découverts principalement sur les côtes de la mer Baltique. Il s'agit surtout d'insectes et d'araignées.

Un bouclier dorsal. D'autres invertébrés aux pattes articulées (arthropodes) ont laissé plus de fossiles que les insectes ; leur carapace était, en effet, nettement plus résistante. Cela ne veut toutefois pas forcément dire qu'ils aient « dominé » le monde à l'ère primaire. Les plus connus parmi les invertébrés sont les trilobites, ainsi nommés parce que leur corps était revêtu d'un bouclier dorsal divisé en trois parties (ou lobes) dans le sens de la longueur. Les trilobites sont connus du Cambrien au Permien, soit pendant plus de trois cent millions d'années ; les savants en ont décrit plus de deux mille espèces. Leur forme évoque celle des cloportes, crustacés terrestres que l'on rencontre de nos jours. Comme ceux-ci, beaucoup devaient être capables de s'enrouler sur eux-mêmes pour se protéger et échapper à un prédateur. Leur taille variait entre six millimètres et soixante-sept centimètres. D'autres arthropodes vécurent, de l'Ordovicien au Silurien. Ces gigantesques invertébrés (les plus imposants atteignaient deux et même trois mètres de long), appelés euryptérides, étaient eux aussi marins.

De gauche à droite : euryptéride, trilobite et ammonite, trois invertébrés typiques. Au fond, des mollusques primitifs.

Au Carbonifère, des mollusques ressemblant à des calmars (ci-dessus) firent leur apparition dans la mer ; ils possédaient une longue coquille en forme de cornet. A l'Ordovicien, ces nautiloïdes étaient représentés entre autres par endoceras et sactoceras. Ceux-ci furent les ancêtres des ammonites et du nautile encore vivant. La présence d'une coquille calcaire a favorisé la fossilisation d'animaux qui avaient un corps mou. Deux groupes de mollusques primitifs ont complètement disparu, mais nous ont laissé leurs fossiles : il s'agit des ammonites et des bélemnites.

Les graptolithes, cousins des ascidies actuelles, et dont on voit ici des restes, sont connus dès l'ère primaire (Carbonifère, Ordovicien et Silurien). Ces animaux vivaient en colonies. Les différents individus logeaient dans les ramifications situées sur les côtés des branches les plus longues.

Les cérithes (en haut) sont des mollusques gastéropodes ; ils font donc partie du même groupe que les escargots. D'autres mollusques, les bélemnites (en bas) ont vécu en mer du Carbonifère au Crétacé. Les bélemnites mangeaient d'autres invertébrés et des poissons.

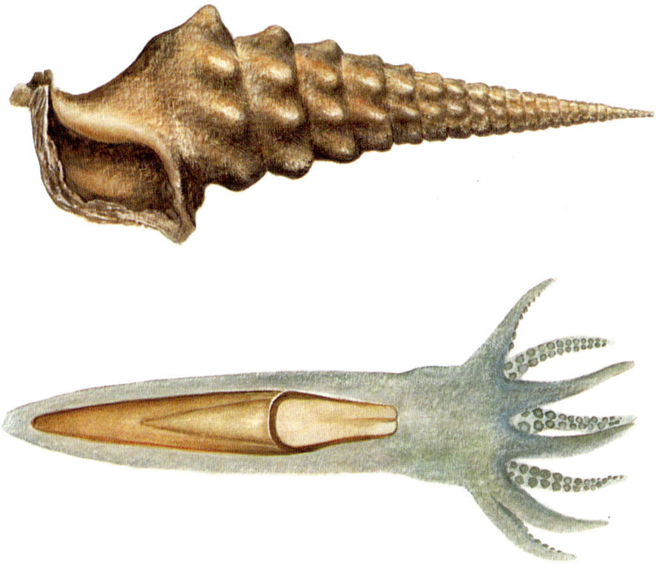

Les premiers insectes n'avaient pas d'ailes ; ils vécurent au Dévonien. Au début du Carbonifère, ils furent remplacés par des espèces géantes. Ainsi, cette meganeura, la plus grande libellule qui ait jamais existé. Certaines blattes ou cafards mesuraient vingt centimètres de long.

Les poissons primitifs

Un fossile vivant. Certains savants pensent que les profondeurs marines cachent encore bien des mystères et que des descendants d'espèces préhistoriques y vivent sans que nous le sachions. La découverte du cœlacanthe a montré qu'ils avaient raison ! Il s'agit bien là d'un « fossile vivant » ; en effet, dans les livres de paléontologie écrits au début du XXe siècle, on considérait que les cœlacanthes faisaient partie d'une famille de poissons complètement disparus depuis la fin de l'ère secondaire. Leurs restes provenaient de roches qui datent d'une période s'étendant du Dévonien au Crétacé ; elles sont actuellement situées en Europe, en Afrique et en Amérique. Ainsi, les cœlacanthes figurent parmi les poissons les plus anciens puisque les premiers vécurent à l'ère primaire.

Par huit cents mètres de fond. Or, le 22 décembre 1938, des pêcheurs de l'archipel des Comores, au nord de Madagascar, remontèrent dans leurs filets un étrange poisson. Le spécialiste qui l'étudia devina bien vite que cette prise était sensationnelle : il s'agissait, en effet, d'un cœlacanthe, représentant d'un groupe éteint depuis soixante-cinq millions d'années ! Depuis, d'autres cœlacanthes (soixante-douze jusqu'en 1972) ont été pêchés dans la même région. Mais, comme ils vivent dans les eaux profondes, tous étaient morts quand on les examina. Cependant, le 22 mars 1972, des pêcheurs réussirent à ramener vivant un petit cœlacanthe long de quatre-vingt-cinq centimètres. Placé dans un bac, le jeune poisson resta encore en vie pendant quatre heures ; puis il mourut, sans doute victime de la montée rapide à la surface. Le cœlacanthe adulte atteint un mètre quatre-vingts de long et pèse de soixante à cent kilos. Il vit entre cinq cents et huit cents mètres de profondeur. La femelle pond seulement une vingtaine d'œufs. La durée de leur développement serait voisine de un an. La plupart des cousins du cœlacanthe qui vivaient autrefois ne dépassaient guère soixante centimètres, sauf les mawsonia.

De haut en bas, climatius, anglaspis et hemicylaspis, trois poissons primitifs.

Dinichthys est un véritable monstre ! Sa tête mesurait un mètre de long et soixante-dix centimètres de large. On pense que ce poisson dépassait neuf mètres ! Sur le dos, il portait une plaque très épaisse de soixante centimètres de côté environ. C'était probablement un carnivore redouté des autres animaux marins, tel ce cladosélache, requin primitif, qu'il est en train d'attaquer. Certains poissons cuirassés possédaient un bouclier, beaucoup plus impressionnant encore, d'un mètre quatre-vingt-dix de large !

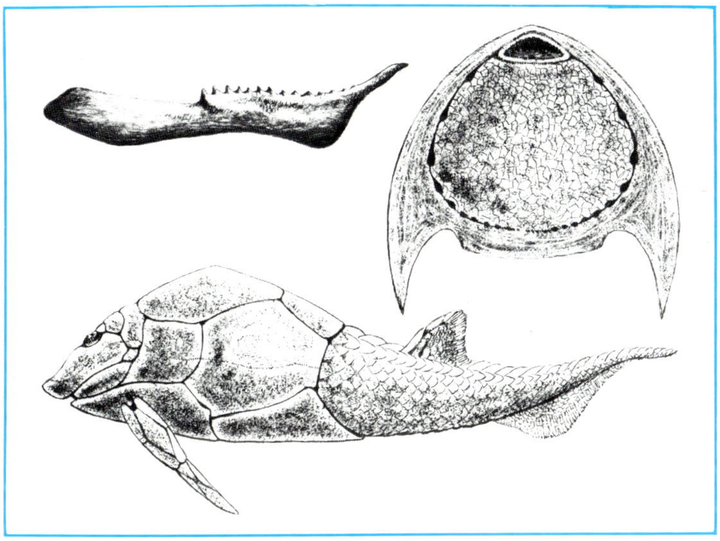

Aspect d'un poisson primitif (pterichthys), long de vingt centimètres et vivant à l'ère primaire. La partie antérieure du corps est cuirassée (en bas). A droite, carapace (vue de dessous) de cephalaspis, un cyclostome. A gauche, mâchoire de diplognathus.

Le cœlacanthe, véritable fossile vivant, a été pêché pour la première fois en 1938. La femelle pond des œufs très volumineux : ils mesurent huit à neuf centimètres de diamètre et pèsent de trois cents à trois cent quarante grammes.

Portheus pouvait atteindre trois à quatre mètres de long. Il avale ici un clupéide, poisson du groupe des harengs et des sardines, qui vivait dans les mers du Crétacé ; les sardines que nous connaissons actuellement sont d'origine plus récente. Le régime de portheus ne devait pas être très différent de celui des maquereaux et autres poissons carnivores qui peuplent aujourd'hui les mers et les océans.

Les batraciens primitifs

De la vie aquatique à la vie terrestre. Selon les hypothèses des spécialistes, la Terre, à son origine, était en grande partie recouverte d'eau. Quand les mers primitives commencèrent à s'évaporer, les continents firent leur apparition. Les premiers animaux et les premières plantes vécurent donc dans la mer ; puis, certains se hasardèrent en dehors de l'eau. On a découvert les fossiles de ces animaux qui sont des intermédiaires entre les poissons et les vertébrés terrestres : leur plus ancien représentant, l'ichthyostège, date du Dévonien ; ses restes proviennent du Groenland. Ce fut un grand événement pour les paléontologistes, car cet animal était le tout premier vertébré à quatre pattes connu. S'il gardait encore certains caractères propres aux poissons, il était aussi déjà capable de vivre hors de l'élément liquide. L'ichthyostège, long de quatre-vingt-dix centimètres, se tenait sans doute à la limite de l'eau et de la terre ; cependant, il passait davantage de temps dans l'eau, où il évoluait avec aisance grâce à sa longue queue.

Des géants. Les amphibiens primitifs sont les plus imposants qui aient jamais existé, si l'on fait exception de l'actuelle grande salamandre du Japon, qui atteint un mètre cinquante de long. Tous avaient une queue. La plupart possédaient des écailles sur une grande partie de la face centrale du corps ; ces écailles atteignaient parfois la base des membres. Celles du dos étaient plus fines.

Beaucoup plus près de nous, puisqu'ils vécurent à l'ère secondaire (Trias), les mastodonsaurus ont eu de nombreux cousins appartenant à des familles différentes. Ainsi, micropholis et capitosaurus, qui furent des géants puisqu'ils atteignirent quatre mètres cinquante de long. A lui seul, le crâne très plat des plus grands mastodonsaurus mesurait un mètre vingt-cinq. Contrairement à eryops, un amphibien d'Amérique, ils ne devaient pas souvent quitter l'eau en raison de leurs lourdes formes et de la faiblesse de leurs pattes qui les empêchaient de marcher sur la terre ferme. En revanche, ils nageaient sans doute fort bien.

L'ichthyostège, un animal aquatique et terrestre.

Mastodonsaurus fut le plus grand représentant des amphibiens stégocéphales. Son crâne énorme, long de un mètre vingt-cinq, était percé de grandes orbites. Les plus beaux fossiles de cet animal ont été extraits à Gaildorf et à Oedendorf, dans le Wurtemberg (Allemagne fédérale). On a également trouvé des restes de mastodonsaurus en Alsace, en Forêt-Noire, en Angleterre et aux Indes. Ces animaux vécurent au Trias.

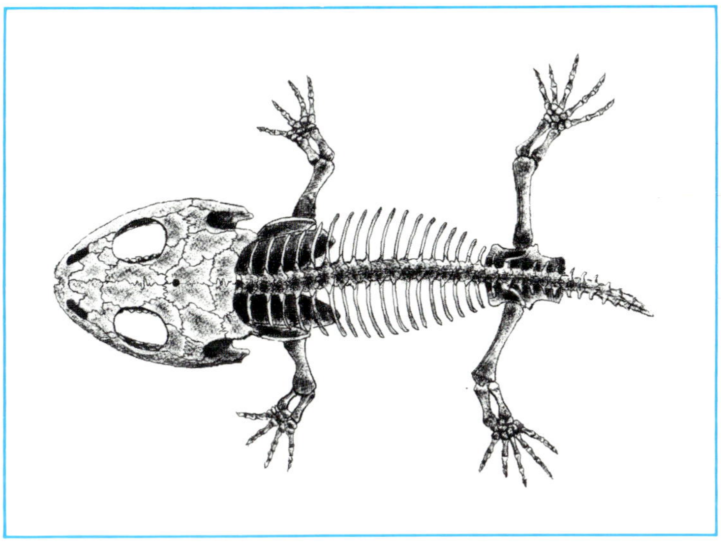

Micropholis, qui vécut au Trias, est l'un des amphibiens primitifs les mieux connus, grâce aux fossiles complets qui ont été mis au jour. Cet animal avait un crâne de forme assez arrondie et courte si on le compare à celui d'archegosaurus, qui possédait pourtant le même type de vertèbres.

Le plus grand des amphibiens primitifs d'Amérique était l'eryops ; adapté à la locomotion terrestre, il pouvait atteindre une longueur d'un mètre cinquante à un mètre quatre-vingts. Son énorme crâne triangulaire avait de quarante à soixante centimètres de long.

Trois représentants de la classe des amphibiens : une grenouille rousse (à gauche), un triton (à droite), espèces actuellement vivantes ; en bas, *Urocordylus scalaris,* qui date du Permien et dont les fossiles ont ete trouves en Bohême. Urocordylus avait les angles du crâne allonges en cornes et son ventre était protégé par une sorte d'armure formée d'une centaine de rangées de petites écailles. Une espèce voisine, découverte en Irlande, mesurait 50 cm de long.

Les pélycosauriens

Dans une végétation luxuriante. Les premiers reptiles sont issus des amphibiens primitifs, il y a environ trois cents millions d'années. Appelés cotylosauriens, ces animaux se reproduisaient déjà en pondant des œufs entourés d'une coquille dure ; ils purent ainsi mener une existence terrestre et non plus aquatique. Les pélycosauriens leur ont succédé au Permien et se sont maintenus jusqu'au Trias ; ils s'épanouirent dans cette ambiance de prêles, de fougères et de lycopodes géants. Leur aire de répartition fut très vaste. Pourvus de petites pattes à cinq doigts, ils avaient un squelette qui ressemblait par maints côtés à celui des mammifères et, notamment, à celui des monotrèmes (échidnés, ornithorhynque), les plus primitifs de tous. C'est pour cette raison qu'on les a placés dans le groupe des théromorphes (c'est-à-dire « à forme de mammifères ») ; pour cette raison aussi, ils furent appelés reptiles mammaliens, car on les considère comme les ancêtres des premiers mammifères.

Un étrange éventail. Certains comme varanosaurus et les dimetrodon, devaient être carnivores et manger des poissons, des mollusques ainsi que des animaux terrestres. Outre les dents principales, les dimetrodon possédaient de nombreuses petites dents sur leur palais. Longs de un à trois mètres selon l'espèce, ils vécurent à l'emplacement de l'Amérique du Nord. Les dimetrodon se caractérisaient par des vertèbres dorsales munies chacune d'une pointe très longue. L'ensemble de ces appendices soutenait une voilure, ou crête, extraordinairement élevée puisqu'elle pouvait atteindre le quart de la longueur totale de l'animal. A quoi servait ce bizarre éventail ? Plusieurs explications ont été proposées. Pour les uns, il permettait aux dimetrodon de régler leur température interne et de la maintenir au même niveau que celle de l'air ambiant. Pour d'autres, cette crête devait servir à effrayer les ennemis. C'est la première hypothèse qui paraît la plus plausible.

Les prêles, fougères et lycopodes géants des forêts du Permien.

Les dimetrodon possédaient environ vingt-sept vertèbres pourvues d'un prolongement vertical et une queue relativement courte. On a décrit plus de dix espèces de ces reptiles, dont le premier fut trouvé au Texas il y a environ un siècle. Les sphenacodon, voisins des dimetrodon, avaient des vertèbres munies de courts appendices. En revanche, chez ceratosaurus, trouvé en Allemagne, elles portaient une baguette osseuse atteignant soixante centimètres ; ces animaux ressemblaient donc largement aux dimetrodon.

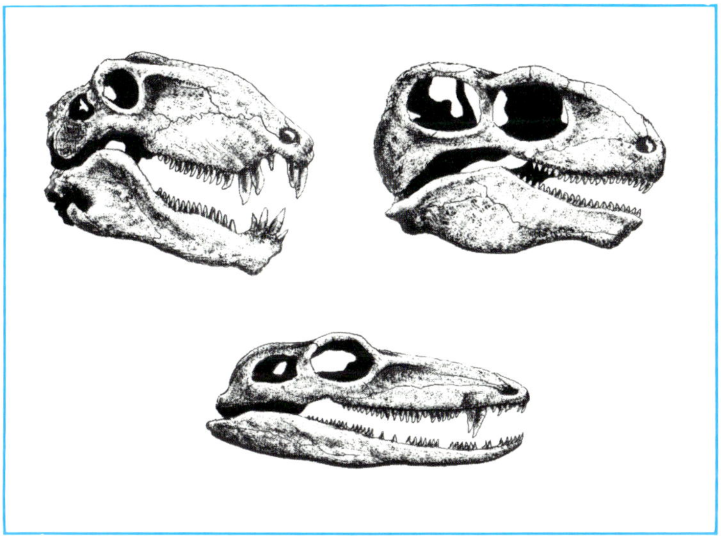

Crânes de dimetrodon (en haut à gauche), d'edaphosaurus (en haut à droite) et de varanosaurus (en bas). En plus des dents qui étaient normalement fixées sur les mâchoires, ces animaux en avaient beaucoup, de petite taille, sur le palais ; l'ensemble constituait une sorte de filtre.

A l'inverse des dimetrodon, qui étaient carnivores, les edaphosaurus avaient un régime végétarien et furent sans doute les premiers reptiles herbivores. Longs de 2 à 3 mètres selon l'espèce, ils portaient une crête dorsale moins élevée que celle des dimetrodon.

Les cynognathus, animaux carnivores, appartenaient au groupe des thérapsidés, voisin des pélycosauriens. Les deux spécimens représentés ici semblent s'intéresser au petit reptile coureur qui passe devant eux. Les thérapsidés ont vécu du Permien au Jurassique et passent pour être des précurseurs des mammifères. En effet, certains détails de leur crâne se retrouvent chez ces derniers. Les cynognathus, qui mesuraient jusqu'à deux mètres de long, ont disparu à la fin du Trias. Leurs restes ont ete trouvés en Afrique du Sud.

Tortues et crocodiles

Quatre mètres de long. Certains animaux préhistoriques font la transition entre les reptiles et les batraciens. Ainsi, seymouria, a été classé parmi les premiers en raison de la forme de ses vertèbres et parce qu'il devait vivre entièrement sur la terre ferme, mais aussi parmi les seconds du fait de la structure de son crâne. Les reptiles ont évolué dans plusieurs directions. Les spécialistes ont établi une classification de ceux-ci en utilisant comme critère la présence et la position d'une fosse dans l'os temporal situé sur le côté du crâne. Les tortues font partie du premier groupe, celui des anapsidés, et sont apparues au cours du Trias. Les plus anciennes eurent des mœurs terrestres ; elles avaient à peu près les dimensions de la tortue grecque, soit une vingtaine de centimètres. Plus tard, elles adoptèrent un genre de vie aquatique, d'abord dans les eaux douces, puis dans la mer. La plus grande tortue de l'ère secondaire, archelon, qui vécut au Crétacé, mesurait environ quatre mètres de long. Elle dépassait donc la tortue-luth, actuellement vivante, qui atteint seulement deux mètres quarante. Comme la tortue-luth, archelon portait une carapace réduite à quelques plaques osseuses.

Des lézards marins. Les crocodiles dérivent directement de petits pseudosuchiens du début du Trias. Protosuchus, qui atteignait un mètre de long, était un reptile aux pattes assez allongées ; c'était déjà un véritable crocodile. Parmi les autres crocodiles du Secondaire et du Tertiaire, geosaurus vivait à l'emplacement de l'Europe et mesurait deux mètres. Malgré une certaine ressemblance avec les crocodiles, les mosasaures étaient des lézards marins appartenant au même groupe que les plésiosaures. Les plus grands atteignirent douze mètres de long ; ils nageaient en surface et, de leurs mâchoires armées de fortes dents, capturaient d'autres animaux aquatiques. Leur colonne vertébrale comptait plus de cent trente vertèbres. Leur longue queue, animée d'ondulations, les propulsait, tandis que leurs pattes maintenaient l'équilibre et les empêchaient de rouler sur le côté.

Dans les mers du Tertiaire, un mosasaure (en haut) croise un géosaure.

Protosuchus avait des pattes puissantes et un peu plus longues que celles de ses cousins actuels, les crocodiles ; il se déplaçait donc bien plus rapidement qu'eux. On pense que cet animal a été en grande partie terrestre, et qu'il ne s'est pas contenté de rester à proximité de l'eau comme les crocodiles, les alligators et les caïmans. Peu à peu, les descendants de protosuchus et de ses successeurs, tel notochampsa, menèrent une existence de plus en plus aquatique ; certains vécurent dans la mer. Leurs membres s'étaient transformés en nageoires et leur carapace avait disparu.

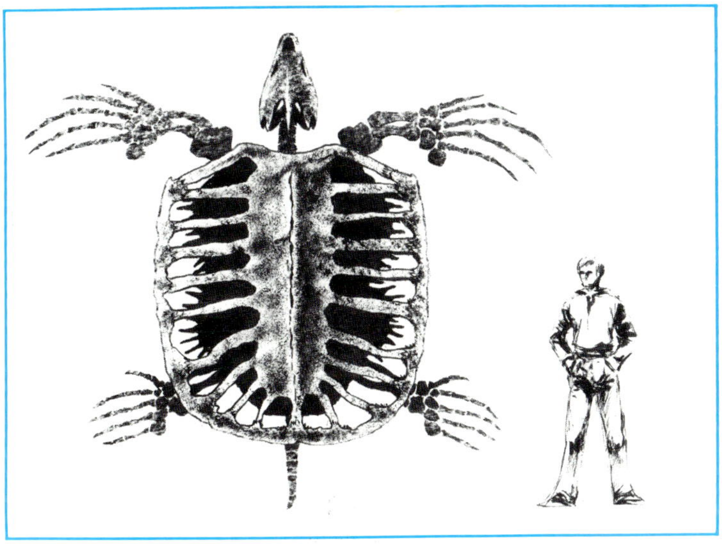

Archelon, dont on voit ici le squelette, avait une carapace assez légère qui permettait de se mouvoir aisément dans l'eau ; mais elle était aussi capable de résister aux attaques de ses ennemis. L'évolution qui a conduit à ce type de tortue bien adaptée à la vie aquatique s'est faite progressivement.

Long d'une soixantaine de centimètres, dont une douzaine pour le crâne, seymouria vécut au Permien. Aujourd'hui encore, il pose plusieurs énigmes aux savants. En tout cas, son squelette présente des caractéristiques tout à fait primitives.

Le gigantesque nystriosaurus du Jurassique a été découvert en Europe, et plus exactement en Allemagne méridionale. Ce crocodile marin mesurait dix mètres de long. Son dos était cuirassé de plaques osseuses. Il se nourrissait de poissons, de reptiles plus petits et de seiches. Cependant, il occupait un rang inférieur par rapport à rhamphosuchus, qui atteignait dix-sept mètres. Ce dernier, qui est l'ancêtre du gavial, vécut au Pliocène en Asie. Un autre grand crocodile, deinosuchus, avait une longueur de quinze mètres.

Les diplodocus

De tout petits dinosaures. Créé en 1841 par le zoologiste anglais Sir Richard Owen, le mot dinosaure signifie « lézard terrible » ; il convient bien à certains membres de ce groupe de reptiles, qui a compté de nombreuses espèces à la taille parfois gigantesque. Lorsque l'on voit leur squelette exposé dans les galeries des musées, on constate qu'Owen n'avait pas tort. Cependant, il serait faux de croire que tous les dinosaures étaient de grosses bêtes. En fait, beaucoup avaient une taille moyenne, et l'on en rencontrait même de tout petits. Plus de la moitié des dinosaures dépassaient probablement deux tonnes, poids qu'atteignent seulement deux pour cent des mammifères vivants ! Pendant environ cent quarante millions d'années, du Trias à la fin du Crétacé, les mammifères ont, semble-t-il, joué un rôle mineur sur la Terre ; les dinosaures, en effet, occupaient tous les paysages terrestres et aquatiques. Mais il est exagéré de dire que l'ère secondaire a été l'époque des dinosaures, car d'autres animaux vivaient à côté d'eux.

Une grande énigme. Disparus depuis environ soixante-dix millions d'années, les dinosaures n'ont pas livré tous leurs secrets. On se les représente d'habitude sous l'aspect d'animaux plus ou moins monstrueux et assez apathiques. Cela provient du fait que la plupart des reptiles que nous connaissons aujourd'hui ont une température interne variant avec celle du milieu ambiant et tombent en sommeil léthargique quand elle est basse. Mais certains savants pensent que les dinosaures avaient une température élevée et étaient, sur ce point, comparables aux mammifères et aux oiseaux. La disparition des dinosaures reste une grande énigme. Une des raisons les plus plausibles semble être un ensemble de bouleversements géologiques. C'est donc une simplification excessive qui a fait croire que les dinosaures avaient disparu brusquement. Il a dû se passer des millions d'années avant que les derniers cessent d'exister.

Les diplodocus sont sans doute les plus connus des dinosaures.

Les restes des diplodocus ont été trouvés en Amérique du Nord dans des roches datant du Jurassique. Ces animaux devaient être de paisibles herbivores, mais, comme on le voit ici, ils avaient des ennemis, tel l'allosaure. Long de neuf mètres et d'un poids estimé à deux tonnes, celui-ci est également appelé antrodemus. Le cératosaure, autre dinosaure carnivore, attaquait peut-être aussi les diplodocus.

Les plus grands diplodocus atteignaient vingt-quatre, vingt-sept et même trente-deux mètres de long. Les experts ne sont pas d'accord sur leur poids : certains pensent qu'ils dépassaient vingt tonnes alors que d'autres estiment qu'ils atteignaient tout juste dix tonnes.

Malgré leur forme très différente de celle de la majorité des reptiles actuels (les tortues exceptées), les dinosaures appartenaient à ce grand groupe d'animaux. Comme la plupart, ils pondaient des œufs, mais nous ignorons s'ils les protégeaient. On voit ici une ponte de diplodocus.

Les diplodocus avaient une longue queue soutenue par plus de soixante-dix vertèbres. Leurs mâchoires portaient environ quarante-huit dents étroites et cylindriques. Ces animaux devaient vraisemblablement être plus à l'aise dans l'eau que sur la terre ferme, car le liquide équilibrait leur masse. La situation des narines, qui s'ouvraient très haut sur le crâne (à droite), devait faciliter cette existence aquatique : les animaux pouvaient respirer tout en étant presque entièrement immergés. Les pattes (à gauche) se terminaient par cinq doigts.

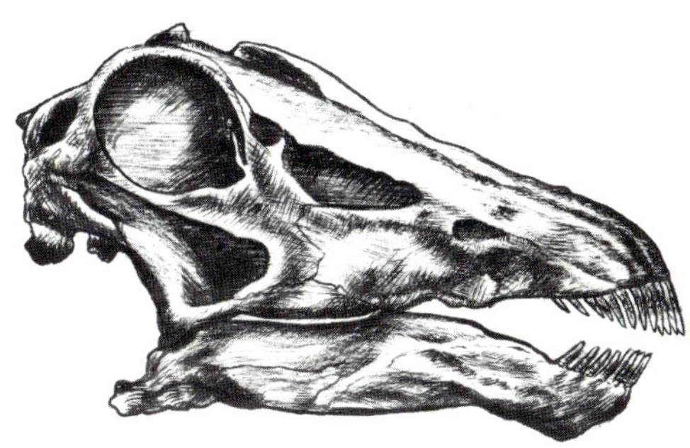

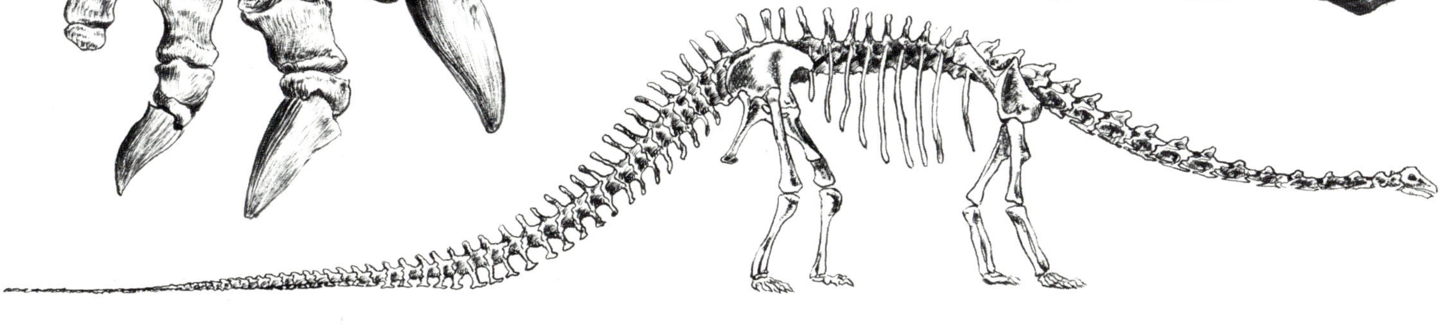

Les dinosaures carnivores

Un monstre de sept tonnes. Les dinosaures ont été découverts en Angleterre, et c'est en 1824 qu'ils furent décrits pour la première fois. Par la suite, les spécialistes trouvèrent dans le monde entier de nombreux autres fossiles appartenant à ce groupe ; c'est ainsi que l'on en connaît maintenant plusieurs centaines d'espèces. Ces animaux apparurent au Trias et cessèrent d'exister au Crétacé. La silhouette de la plupart d'entre eux différait profondément de celle des serpents et des lézards que nous connaissons ; néanmoins, tous les dinosaures étaient des reptiles qui se reproduisaient en pondant des œufs. Les plus grands atteignirent trente mètres de long, mais tous ne furent pas des géants. En effet, les plus petits ne mesuraient que vingt-cinq centimètres. Le nom de dinosaure (lézard terrible) convient bien au groupe des théropodes qui furent tous des carnivores aux dents pointues (chez certaines espèces, elles avaient les bords barbelés). Le plus gros carnivore terrestre qui ait jamais existé, le tyrannosaure, haut de deux mètres cinquante, long de plus de dix, devait peser sept tonnes ; le crâne, à lui seul, mesurait d'un mètre trente à un mètre cinquante de long, et les mâchoires portaient une soixantaine de dents dont les plus grandes atteignaient vingt centimètres. Ce redoutable animal se déplaçait sur ses pattes postérieures (celles de devant étaient trop réduites). Il s'attaquait aux grands dinosaures herbivores, moins agiles que lui et incapables de se défendre efficacement.

Des mâchoires meurtrières. Plus petit, l'allosaure, ou antrodemus, mesurait seulement neuf mètres dont la moitié pour la queue. Mais son crâne massif et ses puissantes mâchoires lui permettaient de tuer sans peine les dinosaures ornithischiens.

L'allosaure pesait deux tonnes environ ; c'était un prédateur rapide, capable de faire de grandes enjambées et de rattraper les proies qui tentaient de lui échapper. Ses membres antérieurs, très courts, lui servaient, peut-être, à maintenir sa victime au moment de la capture.

Tyrannosaure, un carnivore géant... et terrible.

Le tyrannosaure du Crétacé, ici au repos, atteignait six mètres de haut quand il se dressait sur ses pattes postérieures, mais il est probable qu'il se déplaçait en position horizontale. Les pattes antérieures portaient deux griffes qui pouvaient servir à attraper les proies ou à prendre appui.

Les allosaures (dont on voit ici un crâne), vécurent au Jurassique à l'emplacement de l'actuelle Amérique du Nord. Courant sur leurs pattes postérieures, ils s'attaquaient, peut-être, aux grandes espèces herbivores comme le brontosaure ou l'apatosaure.

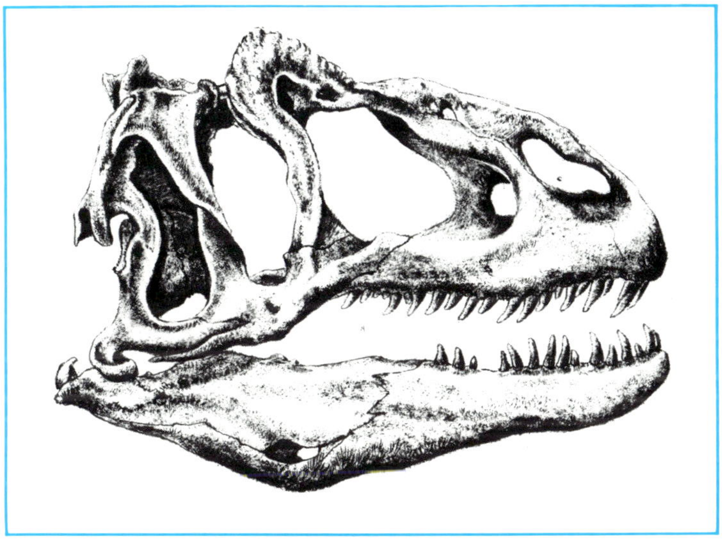

Sthruthiomimus, qui mesurait environ trois mètres cinquante de long, courait sur ses pattes arrière, exactement comme une autruche. Son squelette ressemblait à celui de cet oiseau : il avait un long cou, une petite tête et des membres antérieurs très courts.

Le tyrannosaure n'a pas été le seul grand dinosaure carnivore : son contemporain, le gorgosaure ou deinodon était légèrement plus petit (sept à neuf mètres de long). Il vécut aussi à l'emplacement de l'Amérique du Nord. Les tarbosaurus, eux, tenaient leur place en Mongolie.

Compsognathus était un petit dinosaure ; ses restes ont été découverts, en Bavière, dans des roches datant du Jurassique. Ce reptile ne dépassait pas 40 cm et son long cou supportait un crâne long de sept centimètres et demi seulement.

Les reptiles volants

Record battu. Dans le monde des animaux capables de voler, tous les records du gigantisme sont battus depuis que le plus grand reptile volant, le ptéranodon, qui devait mesurer sept mètres d'envergure et peser trente kilos, occupe la deuxième place ! En effet, on a découvert très récemment des ossements dont l'examen a permis d'affirmer que leur possesseur avait une envergure légèrement supérieure à dix mètres ! L'avenir nous permettra, peut-être, de mieux connaître ce géant. Les ptérodactyles, eux, ne dépassaient pas trente centimètres d'envergure ; ils avaient donc la taille d'un simple moineau ou d'un merle. Mais les ptéranodons ou les ptérodactyles qui traversaient le ciel il y a des millions d'années n'avaient pas l'agilité des oiseaux ; ils font plutôt penser aux ailes volantes et autres deltaplanes d'aujourd'hui.

Des ailes de chauves-souris. Les premiers reptiles volants furent les rhamphorhynques ; ils vécurent de la fin du Trias à la fin du Jurassique et furent peu à peu supplantés par des espèces plus perfectionnées, les ptérodactyles, originaires d'Europe et d'Amérique du Nord. Ces animaux vivaient sans doute au bord de la mer, des lacs, des lagunes et des deltas. Ils pondaient des œufs et nourrissaient, peut-être, leurs petits avec des aliments prédigérés. On reconnaît les ptérodactyles à leurs larges ailes, alors que les rhamphorhynques possédaient des ailes étroites et pointues. Quant aux ptéranodons, ils portaient une crête osseuse sur la tête. Au repos, les ailes de ces animaux formaient des plis comme celles des chauves-souris. Les rhamphorhynques avaient, en outre, des palmures aux doigts et leur corps était revêtu d'une fourrure épaisse formée de sortes de poils. Le premier ptérodactyle fut décrit en 1784. A l'époque, on crut qu'il s'agissait d'un animal marin, mais le grand naturaliste français Georges Cuvier montra qu'il s'agissait d'un reptile volant. Ainsi, à l'ère secondaire, les reptiles occupaient tous les milieux.

Deux ptérodactyles survolent des stégosaures.

Selon l'espèce, les reptiles volants avaient des dents coniques et pointues, ou alors leurs mâchoires étaient édentées. Les plus petits devaient être insectivores ou mangeurs de plancton, selon leur habitat. En revanche, les grands ptéranodons prenaient des poissons en rasant l'eau. Ils ne pouvaient plonger qu'à faible profondeur. On admet qu'ils faisaient des piqués et que, à l'issue de ces manœuvres, ils réussissaient à s'emparer de leurs proies.

Les reptiles volants (ici, un ptérodactyle) possédaient plusieurs caractères que l'on retrouve chez les oiseaux (à gauche, un merle) : un squelette léger mais solide, des os creux pourvus d'entretoises internes pour maintenir leur rigidité, des grandes orbites avec un anneau osseux.

Les rhamphorhynques utilisaient le bout de leur queue, muni d'une sorte de losange ou de triangle de peau, en guise de stabilisateur et de gouvernail de profondeur et de direction. La crête osseuse des ptéranodons jouait probablement aussi un rôle de stabilisateur.

Blessé, ce ptéranodon tombe comme une pierre et va s'écraser. Dépourvues de plumes, les ailes des reptiles volants étaient fragiles. Cloués au sol quand elles avaient été déchirées, ces animaux ne pouvaient plus se déplacer au loin et ils étaient condamnés à périr de faim.

Les dinosaures sauropodes

Une montagne de chair. Brachiosaurus est l'un des plus célèbres dinosaures. Ce véritable champion du gigantisme mesurait vingt-trois mètres de long, six mètres de haut à l'épaule, et sa tête se balançait à environ douze mètres, ce qui équivaut à la hauteur d'un immeuble de quatre étages. Enfin, son poids correspondait à la masse d'une douzaine d'éléphants d'Afrique, puisqu'il a été évalué à cinquante et même soixante-dix-huit tonnes. On va jusqu'à avancer celui de cent tonnes, car les brachiosaurus n'étaient pas tous de même taille ! Cette montagne de chair avait une toute petite tête ; elle aurait donc ressemblé à une énorme girafe, si elle n'avait eu des pattes en forme de colonnes et une longue queue traînante. La pression qui s'exerçait sur le corps de cet animal était considérable sur la terre ferme en raison de sa grande taille ; mais elle diminuait quand il se trouvait en partie immergé dans l'eau des marécages, où il était sans doute à l'aise. C'est du moins ce que les paléontologues pensaient jusqu'à ces dernières années, en admettant que les grands dinosaures abordaient rarement la terre ferme. Mais cette hypothèse est désormais considérée comme inexacte, et l'on estime que ces animaux avaient une existence terrestre.

Un solide herbivore. Essentiellement végétarien, le brachiosaurus devait être obligé d'engloutir des quantités considérables d'aliments pour se maintenir en vie. La longueur de son cou lui permettait probablement d'attraper les feuillages élevés, inaccessibles aux animaux plus petits. Son concurrent le plus sérieux avec les diplodocus, le brontosaure ou « lézard-tonnerre », était lui aussi un paisible herbivore au très long cou (quatre-vingts vertèbres au moins le soutenaient), équilibré par la queue. Tous vécurent au Jurassique ; les restes du brachiosaurus proviennent d'Amérique du Nord (État du Colorado) et d'Afrique.

Parmi les dinosaures géants,
le brontosaure est l'un des plus célèbres.

Malgré leur masse colossale, les dinosaures sauropodes se reproduisaient en pondant des œufs tels que ceux-ci, mais on ne sait pas exactement quelle fut l'espèce qui les produisit. Aux États-Unis, dans le Texas, on a aussi des empreintes de ces géants dans des roches tendres datant du Crétacé. On pourrait loger une chaise dans chacune des cavités creusées par leurs énormes pattes !

Crânes de brachiosaurus (à droite) et de camarasaurus (à gauche). Ce dernier ne mesurait que cinq mètres de long, mais il présentait la même disproportion que brachiosaurus entre les membres antérieurs, courts, et les postérieurs beaucoup plus puissants.

La comparaison entre cette girafe et un brachiosaurus est éloquente. Aucun animal terrestre vivant actuellement ne pourrait rivaliser avec ce géant. En effet, les plus grandes girafes mâles atteignent six mètres, et leur poids ne dépasse guère mille deux cent cinquante kilos.

Dominant le sol de ses douze mètres, brachiosaurus devait occuper dans la faune de l'ère secondaire, et malgré des différences considérables, une place voisine de celle de notre actuelle girafe. Il ne connaissait pas de concurrents directs.

L'archéoptéryx

Un reptile volant. Reptile ou oiseau ? La question se pose toujours à propos de l'archéoptéryx. La première trace de l'existence de cet animal fut une empreinte de plume découverte en 1860 sur une pierre extraite d'une carrière bavaroise et conservée actuellement à Munich. L'année suivante, on fit une nouvelle trouvaille ! Il s'agissait cette fois de la marque laissée par le squelette d'un animal qui avait des plumes, le plus ancien oiseau du monde ! La terre livra d'autres indices du même genre en 1877, 1951 et 1956. En 1970, un paléontologiste américain, venu au musée de Haarlem (Pays-Bas), examinait l'empreinte d'un animal considéré auparavant comme un reptile volant ; il s'aperçut que, en réalité, c'était un oiseau ressemblant à l'archéoptéryx ! Tous ces vestiges provenaient de roches du Jurassique ; on peut donc dire que l'archéoptéryx vivait il y a environ cent trente à cent cinquante millions d'années.

Un dinosaure à plumes. Longtemps considéré comme un oiseau, l'archéoptéryx ne serait, d'après certains spécialistes, qu'un petit dinosaure couvert de plumes. Cette hypothèse audacieuse, émise récemment, a ébranlé les fondements de la classification des oiseaux ; quelques savants sont même allés jusqu'à dire que ceux-ci n'étaient que des reptiles. Ces propos sont évidemment exagérés, d'autant plus que nous ne pourrons jamais être parfaitement sûrs de ce qui se passait il y a des millions d'années. Nous sommes donc là à l'avant-garde des recherches paléontologiques où tout peut être remis en question. Ainsi le fait, jusqu'à présent admis, que les dinosaures avaient une température interne variable (comme celle des autres reptiles), donc étroitement dépendante de celle du milieu ambiant se trouve désormais contesté.

Selon un savant, il y aurait eu une centaine d'espèces d'oiseaux au Jurassique et un millier au cours du Crétacé. Cependant, ce fut surtout à partir de l'ère tertiaire que les oiseaux sont devenus très nombreux. En 1960, on connaissait seulement 834 espèces fossiles d'oiseaux, mais 15 ans plus tard ce nombre s'élevait à environ 900. Malheureusement ces découvertes ne nous donnent que des renseignements très incomplets sur les oiseaux préhistoriques.

L'archéoptéryx ne serait-il qu'un petit dinosaure couvert de plumes ?

L'archéoptéryx pouvait-il voler ? A ce sujet, les spécialistes ont émis des hypothèses opposées. Pour les uns, après avoir pris de l'élan en courant ou en sautant, il s'élevait en battant des ailes, puis freinait et se posait rapidement. Pour d'autres, il vivait dans les arbres et, parfois, s'élançait en vol plané. Selon cette supposition, il se serait donc contenté de planer ; cela paraît d'autant plus vraisemblable que l'os de sa poitrine, le sternum, ne possédait pas de bréchet, crête osseuse sur laquelle s'attachent les muscles moteurs des ailes.

L'archéoptéryx avait des plumes tout à fait semblables à celles des oiseaux actuels. Les trois doigts des ailes se terminaient par des griffes. Enfin, détail très frappant, ses mâchoires portaient plus de quarante dents.

La taille de l'archéoptéryx peut être comparée à celle d'une corneille (à gauche) ou d'une mouette. Extrêmement longue, sa queue était soutenue par vingt et une à vingt-trois vertèbres ; celle des oiseaux actuels a un squelette réduit à des os soudés.

Les fossiles (squelettes) d'archéoptéryx trouvés en Allemagne sont des empreintes laissées dans un limon très fin qui se transforma en schiste. Ces vestiges se trouvent à l'heure actuelle dans plusieurs musées, notamment à Berlin et à Londres.

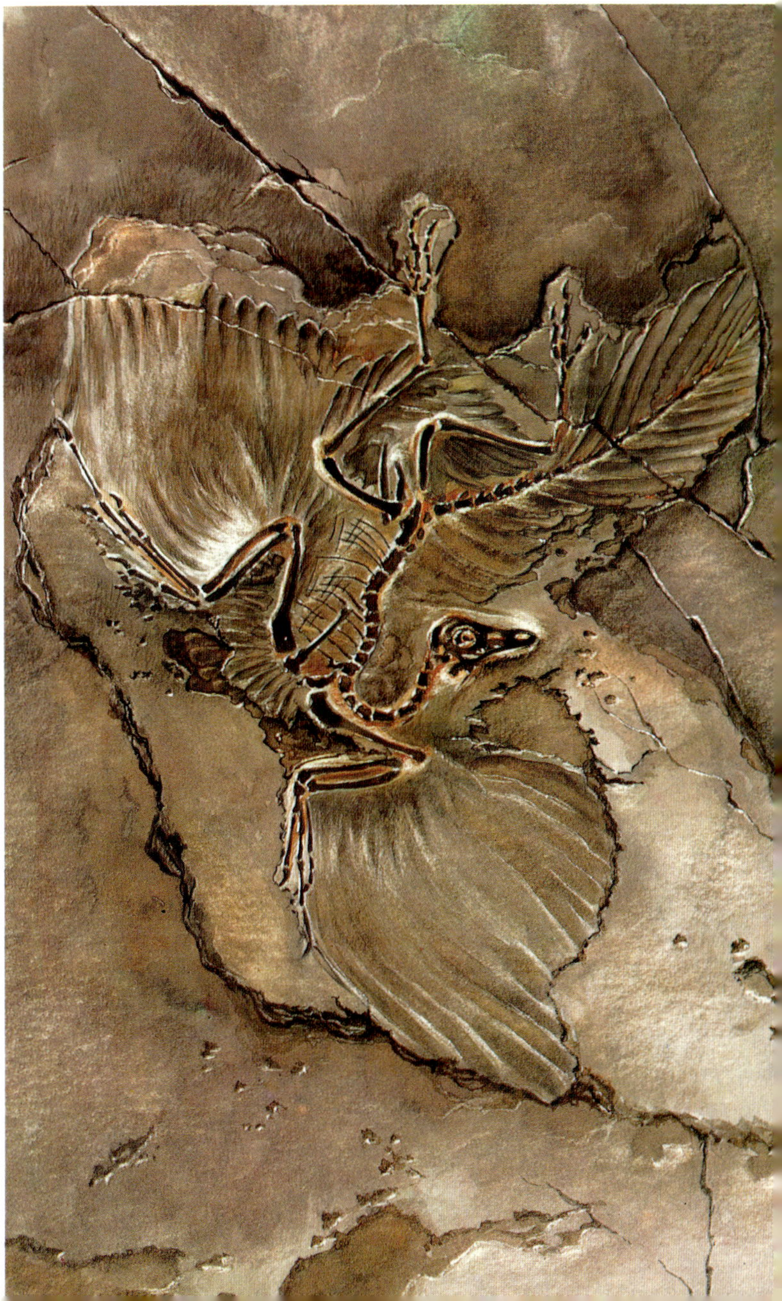

Les reptiles aquatiques

Vingt mètres de long. Les mers du Jurassique et du Crétacé furent peuplées d'animaux gigantesques : les ichthyosauriens et les sauroptérygiens. Alors que les premiers ressemblaient beaucoup à des poissons ou à des dauphins, les sauroptérygiens gardèrent l'aspect des dinosaures terrestres. Certains atteignaient vingt mètres de long ; le crâne de l'un des plus grands, kronosaurus, mesurait à peu près trois mètres. Parmi les plésiosaures, ou lézards-cygnes, l'élasmosaure atteignait une longueur de quatorze à seize mètres. Découvert en Amérique du Nord, il avait un cou sinueux, extrêmement long et soutenu par soixante-seize vertèbres. Ses quatre nageoires, de même longueur, fonctionnaient comme des pagaies et assuraient la propulsion. Quant à la petite queue pointue, elle était seulement un organe de direction. Chez les ichthyosaures, en revanche, la queue jouait le rôle principal pour la nage. Ces reptiles se nourrissaient probablement de poissons, de calmars et de bélemnites. Beaucoup plus petits, les plésiosaures ne dépassaient guère quatre mètres cinquante (minimum : un mètre quatre-vingts). Plesiosaurus vivait au Jurassique ; ses dents coniques atteignaient vingt-quatre centimètres de long et étaient implantées dans un crâne mesurant jusqu'à un mètre cinquante. Cet animal nageait comme un manchot, mais avec ses quatre ailerons.

D'excellents nageurs. Bien différents des précédents, les ichthyosauriens, ou lézards-poissons, vécurent au Trias et jusqu'à la fin du Crétacé. De tous les grands reptiles préhistoriques, ils ont certainement été les mieux adaptés à la vie aquatique. Ils ressemblaient à des poissons, non seulement en raison de leur silhouette hydrodynamique, mais encore par leur structure interne. Ainsi, les articulations des vertèbres leur permettaient de faire onduler leurs corps pour nager. La nageoire caudale était disposée verticalement, comme celle des requins. La grosse tête des ichthyosaures était pourvue de longues mâchoires portant des dents pointues.

Des élasmosaures, monstres longs de quinze mètres environ.

Véritable monstre voisin des élasmosaures (il appartenait cependant à un groupe différent), le kronosaure vécut au Crétacé. Son énorme tête atteignait deux mètres soixante-dix ; elle portait de longues mâchoires armées de nombreuses dents avec lesquelles il saisissait sans peine d'autres reptiles aquatiques et des poissons. Les restes de cet animal proviennent de roches sédimentaires du Queensland, à la pointe de l'Australie. Un de ses cousins, trinacromerum, long de trois mètres, avait lui aussi de petites dents toutes semblables.

En bas, squelette d'une patte de *Peloneustes philarchus*, sauroptérygien du Jurassique, montrant le grand nombre d'osselets des cinq doigts ; ceux-ci formaient une véritable trame. En haut, dent d'un autre sauroptérygien du Jurassique, *Pliosaurus grandis*.

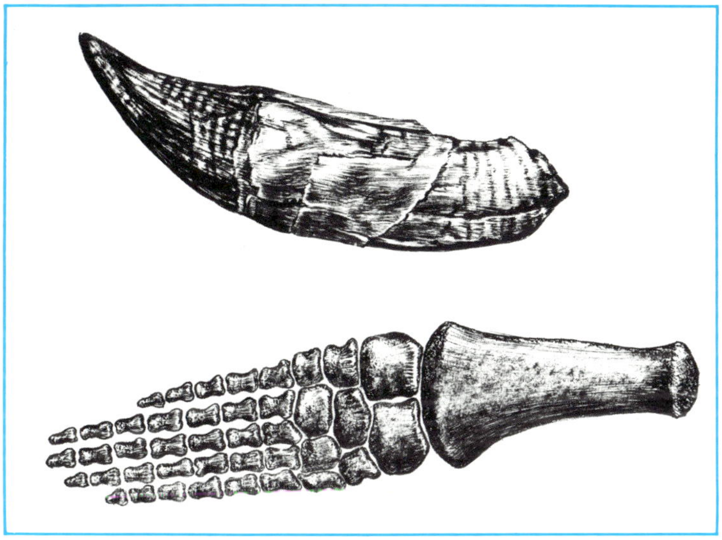

Ces trois animaux appartiennent à des groupes extrêmement différents. Le dauphin (en haut) est un mammifère actuellement vivant ; le requin (en bas) est un poisson ; mais l'ichthyosaure (au milieu) est un reptile aquatique qui a disparu depuis cent trente millions d'années environ.

L'élasmosaure fut l'un des plus grands plésiosaures. Voisins de ceux-ci, les nothosaurus étaient de petits reptiles amphibies du Trias. Ils mesuraient de soixante centimètres à trois mètres de long. Leurs doigts palmés facilitaient leurs déplacements dans l'eau.

Iguanodons et stégosaures

Un géant désarmé. En 1878, à Bernissart (Belgique), des mineurs découvraient à trois cent vingt-deux mètres sous terre trente et un squelettes d'iguanodons. Le plus grand mesurait sept mètres cinquante de long et son poids fut évalué à quatre tonnes et demie. Apparus au milieu du Jurassique, les iguanodons ont vécu jusqu'au Crétacé. Des empreintes fossiles nous ont donné des indications sur la façon dont ces animaux se déplaçaient : pour marcher, ils relevaient la queue et s'appuyaient sur les trois doigts de leurs pattes postérieures. Ils devaient être incapables de sauter ; au repos, ils s'asseyaient sur leurs pattes et leur queue comme le font les kangourous. Dépourvus de carapace, de cornes, de piquants et d'autres armes défensives, ces herbivores échappaient à certains de leurs prédateurs en prenant la fuite.

Deux mille dents. En revanche, d'autres dinosaures du même groupe, les stégosaures, portaient sur le dos et la queue de grosses plaques osseuses triangulaires disposées sur deux rangées parallèles. Ces excroissances atteignaient un mètre vingt de long et de large ; quant aux pointes de la queue elles mesuraient jusqu'à soixante centimètres. A quoi servaient les premières ? A protéger leur possesseur. Pour cela, certains spécialistes pensent qu'elles devaient être rabattues de part et d'autre du corps. Les stégosaures vécurent en Europe, en Asie et en Amérique du Nord, où les premiers représentants furent découverts il y a une centaine d'années. Les plus gros mesuraient neuf mètres de long, trois mètres cinquante de haut et devaient peser mille sept cents kilos. Ils se tenaient debout pour attraper les rameaux dont ils se nourrissaient. On suppose que, dans cette position, leurs plaques dorsales facilitaient le maintien de l'équilibre. Les hadrosaures furent eux aussi de gros ornithischiens puisque leur poids avoisinait trois tonnes. Environ deux mille petites dents disposées sur plusieurs rangs leur permettaient de broyer la nourriture.

Un iguanodon (à gauche) attaqué par un allosaure.

Proches parentes des iguanodons puisqu'elles ont été placées dans la même famille, les différentes espèces de camptosaurus leur étaient tout à fait comparables par les dimensions : elles atteignaient, en effet, de six à dix mètres de long et leur poids est évalué à sept cents kilos. La plupart de leurs fossiles ont été trouvés dans l'État du Wyoming (États-Unis). Ces animaux étaient probablement herbivores. Au repos, ils devaient s'appuyer sur leurs pattes de devant.

A gauche, squelette du bassin d'un dinosaure ornithischien : un des os, le pubis, a une partie tournée vers l'avant ; l'autre, en arrière, est parallèle à l'ischion, un os voisin. A droite du bassin d'un dinosaure saurischien : le pubis est dirigé vers le bas et l'avant, l'ischion vers le bas et l'arrière.

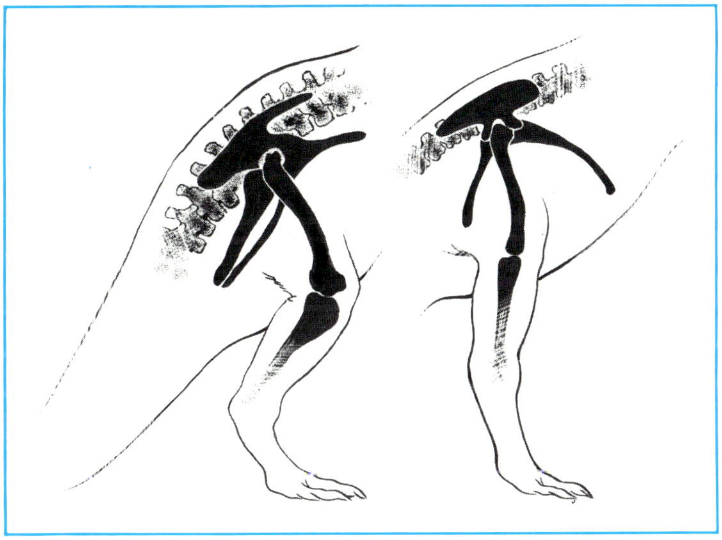

Les corythosaures possédaient un cimier évoquant le casque des casoars, gros oiseaux de Nouvelle-Guinée. Comme cette crête était percée de tubes reliés aux narines, les corythosaures devaient avoir un odorat développé. Leurs pattes antérieures étaient palmées.

Ce stégosaure (au premier plan) est menacé par un cératosaure. Il va sans doute tenter de se défendre en donnant de grands coups de sa queue barbelée. Chacune de ses mâchoires portait vingt-trois petites dents utilisées pour attraper les végétaux.

Les dinosaures à cornes

De solides armures. Véritables forteresses hérissées de pointes et armées de boucliers, les dinosaures à cornes furent parmi les derniers animaux qui apparurent durant le Crétacé. Leur armure se limitait d'abord à une collerette protégeant la nuque ; puis elle prit de l'extension et se garnit d'épines qui en renforcèrent l'efficacité. Les dimensions de ces animaux, appelés cératopsiens, se rapprochaient beaucoup de celles des rhinocéros que nous connaissons ; toutefois, certaines espèces atteignirent une longueur de sept mètres cinquante et un poids estimé à huit tonnes et demie, soit le double de ces mammifères. Le nombre des cornes qui surmontaient leur museau où leur tête variait selon les espèces : le tricératops en possédait trois, alors que le monoclonius n'en avait qu'une. Avec de pareilles armes défensives, ces animaux ne devaient pas craindre d'être attaqués et lorsqu'ils chargeaient un adversaire, celui-ci préférait sans doute prendre la fuite.

La tête blindée. Ce que nous savons de la vie des dinosaures à cornes ne résulte pas seulement de l'examen de leurs squelettes découverts en Amérique du Nord – du Canada au Nouveau-Mexique –, et en Asie. En effet, les paléontologistes ont trouvé en Mongolie des pontes de protocératops, l'un des premiers représentants du groupe. Ces pontes comptaient une douzaine ou une quinzaine d'œufs disposés en cercle et à demi enfouis dans le sable. Entourés d'une coquille dure comme celle des œufs d'oiseaux, ils devaient être « couvés » par le soleil comme cela se passe encore pour ceux de nombreux reptiles. Parmi les derniers dinosaures, on compte aussi les pachycéphalosaures ou stégocéras d'Amérique du Nord, dont le nom veut dire « tête épaisse ». Chez eux la tête, qui avait la forme d'un coin, devait être capable de supporter des chocs très violents. La partie du crâne surmontant le cerveau atteignait une épaisseur de vingt-cinq centimètres.

Bien armés, les tricératops ne devaient pas avoir beaucoup d'ennemis.

Chez les protocératops du Crétacé, les membres antérieurs étaient plus fins que les pattes arrière ; on peut donc penser que ces animaux dérivaient d'ancêtres bipèdes. Il est possible que le crâne des mâles fût plus long que celui des femelles, car on a constaté des différences de taille dans une même espèce. Le ptocératops (Canada), un proche parent du tricératops, devait mesurer environ un mètre vingt de haut à l'épaule. La collerette située à l'arrière du crâne résultait d'un allongement des os pariétaux situés sur les côtés de cette boîte osseuse.

Comparé au tricératops, le rhinocéros de l'Inde paraît bien petit ! Pourtant, les plus grands atteignent un mètre quatre-vingts centimètres de haut et dépassent deux tonnes ! *Triceratops prorsus,* du Wyoming, avait un crâne dont la longueur atteignait deux mètres quinze.

Si l'on compare les crânes de différents représentants des dinosaures à cornes (entre parenthèses, les pays d'origine des fossiles), on s'aperçoit que les collerettes et les cornes adoptaient des formes très variables. Ces animaux n'avaient pas la même taille.

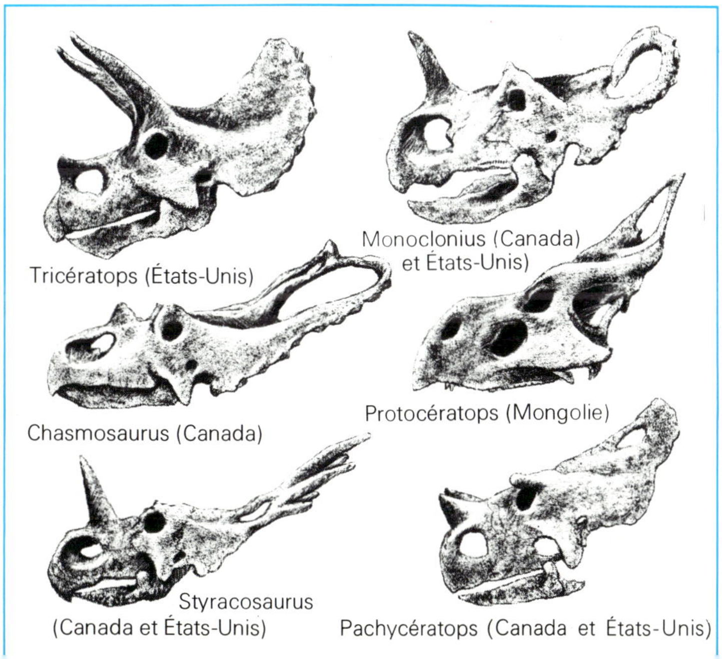

Monoclonius (ci-dessous) mesurait près de cinq mètres de long ; il se distingue facilement des tricératops par son unique corne et sa collerette échancrée. Les dinosaures à cornes possédaient des dents très puissantes, aptes à trancher des plantes fibreuses.

Les ongulés primitifs

L'âge des mammifères. Tant que les dinosaures peuplaient le ciel, les eaux et la terre, les mammifères étaient de petite taille et menaient, semble-t-il, une existence discrète, mais, quand leurs concurrents disparurent, de nouvelles espèces, plus grandes et plus nombreuses, apparurent progressivement. Cette phase d'expansion eut lieu au début de l'ère tertiaire qui, pour cette raison, a été assez justement nommée l'âge des mammifères ; toutefois, ceux-ci n'étaient pas les seuls animaux présents sur Terre à cette époque. La transition entre les carnivores du groupe des créodontes, d'une part, et les ongulés proprement dits, d'autre part, fut assurée par les condylarthres ; aussi, les spécialistes les ont-ils placés, avec d'autres animaux, dans un ensemble de protongulés, c'est-à-dire ongulés primitifs. Les phenacodus en furent des représentants typiques. Bas sur pattes, ces animaux avaient le corps allongé, et leurs dimensions les rapprochaient respectivement du loup et du renard. La structure de leur crâne et de leurs mâchoires montre qu'ils devaient avoir un régime mixte, à la fois carnivore et herbivore.

L'adaptation à la course. Les phenacodus ne devaient pas courir très vite, puisqu'ils marchaient en s'appuyant sur la plante des pieds. Ce n'étaient donc pas de véritables ongulés, car ceux-ci se déplacent sur l'extrémité de leurs doigts. Ce fut seulement à la suite d'un long processus évolutif que le nombre des doigts diminua et que la structure des membres changea : peu à peu, certains os s'allongèrent et acquirent une importance considérable par rapport aux autres qui finirent par disparaître. Par ailleurs, de petits os de la cheville et du poignet se soudèrent et, là encore, les articulations se simplifièrent.

Les ongulés primitifs ont été répartis dans de nombreux groupes. On distingue les protongulés, les périssodactyles, les dinocérates et les pantodontes.

Phenacodus, l'un des ongulés primitifs parmi les plus représentatifs.

Syntethoceras, qui vécut au Pliocène, possédait trois cornes dont la plus longue – dédoublée à son extrémité – occupait une position inhabituelle à l'extrémité du museau ! Les deux autres cornes étaient à peu près trois fois plus courtes. Ce ruminant d'Amérique du Nord n'est plus considéré comme un parent de la girafe et appartient à un groupe différent. En effet, certains paléontologues avaient fait ce rapprochement en se fondant sur l'existence de plusieurs cornes ; mais ce caractère ne représente qu'une analogie et n'exprime pas une véritable ressemblance.

Le crâne de macrauchenia évoque celui d'un cheval par sa forme allongée et son étroitesse. Les molaires sont les dents les plus développées. Les pattes (à gauche, l'extrémité du membre antérieur, c'est-à-dire ce qui correspond à la main) n'avaient plus que trois doigts.

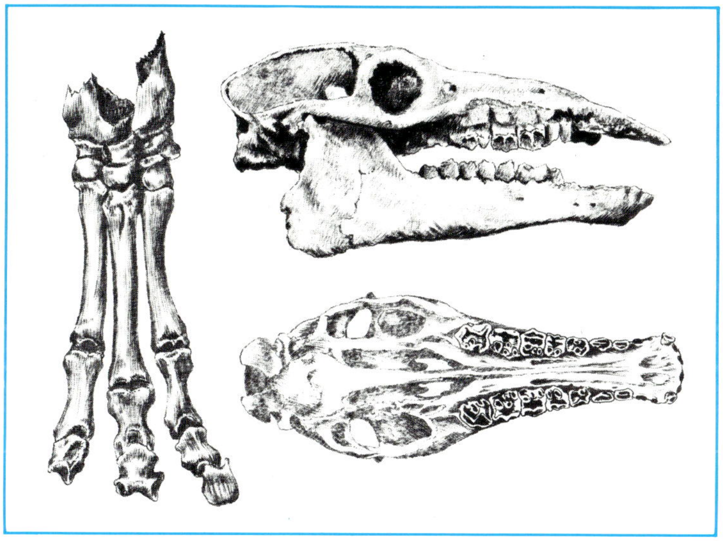

Les molaires inférieures de diadiaphorus (en bas) avaient quatre racines et des bords en forme de demi-cercle. Sur son crâne (en haut), on constate l'absence de canines. A gauche, fragment de pattes du même animal ; un seul doigt, très long, supporte le poids du corps.

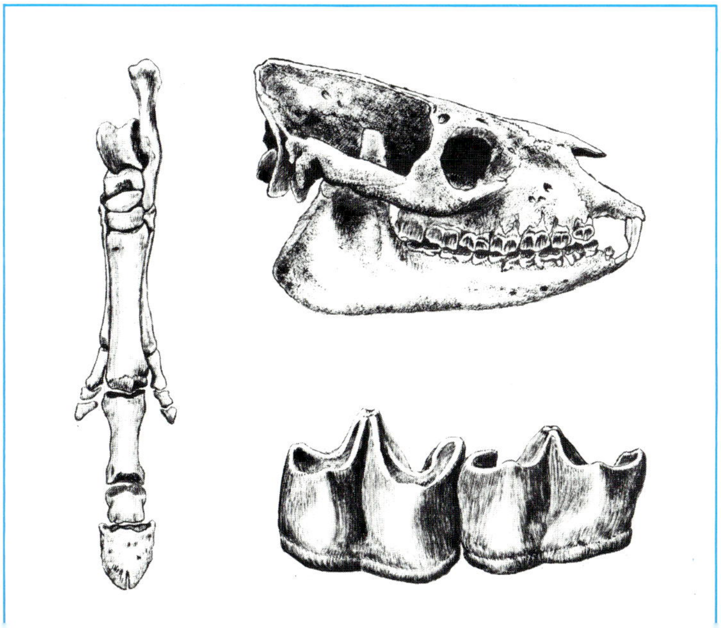

Macrauchenia appartenait au groupe des litopternes. Il évoquait un chameau, mais possédait un museau peut-être fortement allongé en trompe recourbée vers le bas. C'est du moins de cette façon qu'on a l'habitude de le représenter sur les reconstitutions.

Le rhinocéros laineux

Avant l'Asie et l'Afrique. Il y a environ cinquante-cinq millions d'années, à l'Eocène, des animaux aujourd'hui confinés dans les pays tropicaux peuplaient le continent européen. Il s'agissait de rhinocéros qui devinrent nombreux dans tout l'hémisphère Nord à la période suivante (Oligocène). Ils se répandirent plus tard en Afrique et en Asie tropicales. En Europe, ils se maintinrent jusqu'à l'époque où nos ancêtres vivaient dans des cavernes. En revanche, sur le continent nord-américain, leurs cousins disparurent au Pliocène. En Mongolie, des paléontologistes ont découvert les ossements de l'un des plus grands mammifères terrestres du monde, le baluchitherium, qui différait des rhinocéros par l'absence de cornes, mais faisait partie de la même famille. Curieusement proportionné, ce géant avait une petite tête et un cou assez long. Il mesurait quatre mètres de haut et son énorme corps était soutenu par des pattes munies de trois doigts seulement. Le baluchitherium a vécu de l'Oligocène au Miocène, c'est-à-dire pendant une quinzaine de millions d'années environ. Le spécimen trouvé en Mongolie était le plus grand, car son crâne mesurait un mètre trente de long ; un autre, plus petit, était originaire du Baluchistan. La petitesse de la tête de cet animal s'explique par la faiblesse de ses vertèbres cervicales qui auraient été incapables de supporter le poids d'un crâne volumineux, en rapport avec la taille du corps.

Le va-et-vient des glaciers. Les grandes glaciations se sont succédé en Europe, en Asie et en Amérique du Nord, pendant un million cinq cent mille ans avant notre ère et ont pris fin, sur le premier de ces continents, il y a environ onze mille ans. Elles furent entrecoupées de périodes dites interglaciaires qui durèrent de cinquante mille à deux cent mille ans chacune. Au cours des glaciations, le froid régna sur une grande partie de l'hémisphère Nord. Ce fut durant cette longue période que vécurent les rhinocéros laineux.

Un animal bien adapté au froid.

Le paysage où vivaient les rhinocéros laineux ressemblait à celui que l'on trouve maintenant dans la taïga et dans la toundra, au nord de l'immense forêt sibérienne et canadienne. Des forêts de conifères, mêles à des peupliers et à des bouleaux, occupaient de vastes espaces. A la limite des glaciers, la végétation se réduisait à des arbres nains, des lichens, des mousses, des graminées et d'autres petites plantes herbacées.

Nos ancêtres nous ont laissé quelques reproductions des rhinocéros préhistoriques sous forme de dessins qui ornent les parois de plusieurs grottes. D'autres animaux gibier se trouvent à côté d'eux. Les hommes de la préhistoire chassaient les rhinocéros laineux.

Elasmotherium sibiricum (en bas), qui vécut au Pléistocène en Russie d'Europe et en Sibérie, était un rhinocéros dont le crâne présentait une forte bosse au niveau du front.

Les rhinocéros qui vécurent durant les quatre phases d'avance des glaciers furent plus petits que ceux des périodes plus chaudes. Le retrait des glaciers fut, semble-t-il, dix fois plus rapide que leur progression. Ci-dessous, un baluchitherium.

Le cheval

Une longue histoire. Il y a soixante millions d'années, de petits mammifères mesurant une trentaine de centimètres de haut broutaient les feuillages des arbres forestiers. Appelés eohippus ou hyracotherium par les savants, ils furent les premiers d'une longue lignée dont le dernier descendant est le cheval. Les maillons intermédiaires séparant les deux extrémités de cette chaîne ont été découverts progressivement par les paléontologistes. L'histoire du cheval est la mieux connue du monde animal. D'ailleurs le nombre des fossiles est très élevé ; le musée d'histoire naturelle de New York, par exemple, en possède environ six cents. Cependant, cette histoire est moins simple qu'il ne paraît car de nombreuses branches de l'arbre généalogique ont disparu. Ainsi, à l'Éocène et à l'Oligocène, il n'y avait pas moins de quinze familles de périssodactyles (groupe dont font partie les chevaux, les rhinocéros et les tapirs), mais douze n'eurent pas de descendants. L'ancêtre probable d'eohippus a, lui aussi, été retrouvé ; on l'a appelé tetrachaenodon. Il vivait un peu avant l'Éocène en Amérique du Nord.

De plus en plus grand. En comparant les ancêtres du cheval qui se sont succédé pendant plusieurs dizaines de millions d'années, on constate que leur taille a progressivement augmenté ; en outre, le nombre de leurs doigts a diminué et, enfin, leur denture s'est transformée de façon à couper les herbes et non plus à broyer des rameaux et des feuillages. Eohippus, qui vivait au début de l'Éocène, avait quatre doigts assez écartés. À l'Oligocène, une autre espèce, mésohippus, avait déjà la taille d'un mouton et ses pattes n'avaient plus que trois doigts. Au Miocène, le merychippus, qui atteignait un mètre de haut, avait encore trois doigts, mais celui du centre supportait tout le poids. Avec le pliohippus du Pliocène, l'augmentation de la taille devint encore plus sensible : il mesurait un mètre vingt-cinq de haut.

Les chevaux du plus petit au plus grand : eohippus, mesohippus, merychippus, pliohippus et, enfin, equus, le cheval actuel.

Les grands carnivores du Pliocène, comme les machairodus d'Europe et d'Asie, ont probablement été les principaux prédateurs des hipparions qui habitaient les mêmes paysages. En Amérique du Nord, les smilodons s'en prenaient aux néohipparions qui, eux aussi, ont été des ancêtres du cheval. Hipparion vivait très probablement en troupes plus ou moins importantes, comme ses cousins actuels, les zèbres, les ânes et le cheval de Prjevalski. A l'intérieur de ces bandes, les mâles occupaient une position dominante.

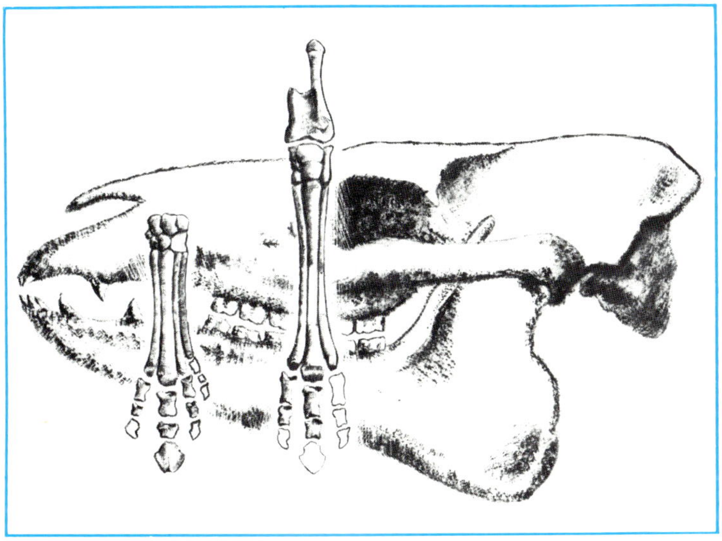

Crâne et pattes d'hyracotherium, le premier des membres de la lignée du cheval. Le cheval actuel n'a plus qu'un seul doigt à l'extrémité de chaque patte ; ses mâchoires portent des dents qui sont beaucoup plus hautes (d'où l'expression « avoir des dents de cheval »).

Le cheval domestique, qui dérive probablement des chevaux vivant au Quaternaire, était un gibier pour les hommes de la préhistoire. Nos ancêtres ont représenté le cheval sur les parois des grottes qu'ils habitaient ; le cheval de Lascaux (ci-dessus) est l'un des plus connus.

Le tarpan, cheval primitif qui vécut en Europe et en Asie, est en fait l'animal que les hommes de la préhistoire ont chassé, mangé et dessiné. Les derniers exemplaires sont morts en Ukraine au XIXe siècle. De nos jours, les seuls chevaux considérés comme vraiment sauvages sont les chevaux de Prjevalski, dont il ne reste que quelques dizaines d'individus dans les steppes de Mongolie.

Les oiseaux géants

Incapables de voler. Les plus grandes espèces connues de reptiles ont vécu il y a des dizaines de millions d'années ; en revanche, les plus gros oiseaux qui aient existé ont disparu il y a seulement quelques milliers ou centaines d'années. Parmi ceux-ci, l'oiseau-roc, cité dans les récits de certains voyageurs, était très probablement un æpyornis de Madagascar. Cet animal faisait partie d'une famille dont les membres les plus imposants pesaient de deux cent cinquante à quatre cent cinquante kilos ; ils dépassaient donc de beaucoup l'autruche par leurs dimensions (celle-ci atteint au maximum cent cinquante kilos). Parmi les dinornis de Nouvelle-Zélande, les géants atteignaient deux mètres cinquante-cinq centimètres de haut ! A une époque plus ancienne (Oligocène et Miocène), d'autres grands oiseaux ont parcouru les plaines de l'Amérique du Sud, de l'Amérique du Nord et même de l'Europe : les phororhacos, par exemple, dont les restes ont été découverts en Patagonie ; ils mesuraient en moyenne un mètre cinquante de haut, mais les plus grands atteignaient trois mètres. Ces oiseaux avaient un crâne massif et un bec puissant. Ils étaient incapables de voler, tout comme les æpyornis et les dinornis, en raison de leur poids et de la petitesse de leurs ailes. Sans doute se nourrissaient-ils de tous les petits animaux terrestres qu'ils rencontraient.

Un bec énorme. A l'Éocène, des oiseaux assez voisins, mais appartenant à une autre famille, les diatryma, vécurent en Europe et en Amérique du Nord. Purement terrestres, ils possédaient un énorme bec. Au Pliocène et à l'Holocène, les moas (nom donné aux oiseaux du genre *Dinornis*), habitèrent l'île du Nord de la Nouvelle-Zélande. Sur l'île du Sud, ils ont cessé de vivre depuis deux cent cinquante ou trois cents ans seulement, donc au début du XVIIIe siècle. Les moas avaient trois doigts normalement développés ; un quatrième, très petit, terminait leurs pattes. Les ressemblances qui existent entre ces grands oiseaux préhistoriques et des espèces actuelles comme l'autruche, ont conduit certains savants à les réunir dans le groupe des *ratites*. Cette idée n'est plus admise aujourd'hui. On peut tout au plus dire que ces oiseaux étaient adaptés à un genre de vie identique.

L'æpyornis, un oiseau géant incapable de voler.

Éclosion d'un jeune dinornis. Nous ne savons pas si tous les dinornis pondaient le même nombre d'œufs. On a retrouvé des pontes d'une ou deux espèces (sur les dix-neuf qui vécurent en Nouvelle-Zélande) et elles se composaient d'un unique œuf. Cela ne veut pas dire qu'il en était de même chez les autres, qui appartenaient, d'ailleurs, à deux familles différentes. Les paléontologistes ont découvert beaucoup d'œufs : la plupart étaient cassés, mais quelques-uns, intacts. Leur coquille était généralement blanche ou vert clair et n'avait pas une épaisseur extraordinaire.

Les plus gros œufs d'oiseaux que l'on connaisse sont ceux des æpyornis de Madagascar : certains mesuraient trente-deux centimètres et demi de long sur vingt-trois et demi de large. Ici, en réduction : au centre un œuf de poule, puis un œuf d'autruche, enfin un œuf d'æpyornis.

Ces Maoris viennent de tuer un dinornis et vont le dépecer. Les grands oiseaux se nourrissaient probablement de plantes. Ils coupaient l'herbe avec leur bec et arrachaient des feuilles et des rameaux, mais ils profitaient également des baies et des graines tombées par terre.

Des Maoris attaquent un moa. Les Polynésiens ont débarqué en Nouvelle-Zélande il y a un peu plus de mille ans. Ils y ont chassé les moas de façon intensive comme le prouvent tous les vestiges que l'on a ramassés dans des grottes à côté de vestiges de campements.

Les mammifères carnivores

Des canines comme des poignards. Le lion et le tigre, les plus grands félins actuellement vivants, ont eu des ancêtres dont l'aspect tout aussi redoutable a dû faire reculer les hommes préhistoriques. Contemporains de ceux-ci, les machairodus vécurent dans l'Ancien Monde (en Europe et en Chine notamment), du Miocène au Pléistocène. Ils avaient des canines supérieures qui ressemblaient à de véritables poignards puisqu'elles atteignaient dix à quatorze centimètres de long ! Leur bord postérieur crénelé en faisait probablement des armes dangereuses. A l'opposé, les canines inférieures étaient atrophiées, sans quoi l'animal n'aurait pas pu fermer sa gueule. En Amérique, les machairodus eurent pour homologues les smilodons, également appelés tigres à dents en forme de sabre. Ils furent les derniers gros carnivores, puisqu'ils vécurent seulement au Pléistocène. Les restes de ces animaux ont été conservés, entre autres, dans les gisements de bitume de Californie. Chez les smilodons, les puissantes canines supérieures étaient beaucoup plus grandes que celles des machairodus ; elles atteignaient vingt centimètres. Il est probable que si elles avaient été plus grandes encore, l'animal n'aurait pas pu s'en servir.

Des dents inutiles. Enfin, parmi les félins préhistoriques, les dinictis vécurent au Tertiaire (Oligocène et Miocène) en Amérique du Nord. Ils présentaient les mêmes caractéristiques que les espèces précédentes : des canines si développées que le rôle des dents situées devant elles devait être à peu près nul.

Ces grands félins ont complètement disparu ; pour expliquer leur déclin, on a échafaudé diverses hypothèses. Certains paléontologistes ont pensé que le développement exagéré des canines supérieures en avait fait des spécialistes incapables de s'adapter aux moindres modifications de leur environnement, ce qui aurait causé leur perte. Ces dents extraordinaires les obligeaient à ouvrir leur gueule de façon démesurée.

Un machairodus adulte et deux petits.

Ce machairodus s'apprête à attaquer un hipparion, l'ancêtre du cheval. Les deux animaux vivaient au Miocène, à l'emplacement de l'Eurasie. Le machairodus devait aussi capturer des antilopes, peut-être même des éléphants. Au début du Pléistocène, d'autres grands félins vécurent en Europe ; ainsi le lion des cavernes. Malgré son nom, celui-ci n'a pas de lien direct avec le lion d'Afrique et d'Asie, ou avec le tigre.

Placés dans le groupe des créodontes, les carnivores primitifs ont tous disparu et quelques-uns sont considérés comme les ancêtres d'espèces actuellement vivantes. Ce smilodon – comparé ici à un tigre – faisait partie d'une lignée aujourd'hui éteinte.

Cet énorme marsupial, le thylacosmilus, occupait, en Australie, la place des grands carnivores préhistoriques. Il avait de fortes griffes, un crâne aussi gros que celui du lion, un régime analogue, mais une denture différente. Il ressemblait donc dans une certaine mesure aux félins.

Non loin de Los Angeles (Etats-Unis), dans des mares à bitume formées par le suintement du pétrole à la surface du sol, on a trouvé, à côté des ossements de nombreux animaux herbivores, ceux d'un millier de smilodons (ci-dessous) et de mille cinq cent loups. Ces carnivores, qui voulaient dévorer les proies engluées dans ce piège naturel, devinrent à leur tour prisonniers de la masse visqueuse. Des études précises ont montré qu'une partie de ces animaux vivaient il y a quinze mille ans.

Megatherium et glyptodon

Un paresseux de six mètres de haut. De la taille d'un hippopotame ou d'un éléphant, le megatherium, sorte de paresseux géant, atteignait six mètres de haut quand il se dressait sur ses pattes arrière pour attraper la végétation dont il se nourrissait. On pense qu'il était capable de déraciner de petits arbres. A la différence des paresseux qui vivent de nos jours en Amérique tropicale, il menait une existence terrestre et non pas arboricole. Les ancêtres du megatherium se déplaçaient dans les arbres mais, au cours de l'évolution, leur poids augmenta et ils furent obligés de rester au sol.

Le megatherium fait partie du groupe des xénarthres (mot venant du grec et signifiant « articulation étrange »), car il avait les vertèbres articulées d'une manière inhabituelle chez les mammifères. Le premier squelette complet de cet animal fut trouvé en 1789 dans les pampas de l'Argentine. Il fut expédié à Madrid pour être examiné en détail.

Vivant au Pléistocène, ce plantigrade peu rapide s'appuyait sur ses quatre pattes munies de griffes puissantes. Il a existé jusque dans le Sud des États-Unis. Sa disparition semble récente et pourrait remonter à quelques milliers d'années seulement.

Un antique blindé. Le glyptodon a été lui aussi placé dans le groupe des xénarthres. Semblable à un char d'assaut, il était protégé par une lourde carapace ; celle-ci avait presque la forme d'une coupole. Avec sa queue terminée par un renflement hérissé de pointes, qui faisait penser aux masses d'armes dont se servaient les chevaliers du Moyen Age, il n'avait rien à craindre. Ce mammifère vivait au Pléistocène en Amérique du Sud (Argentine, Bolivie et Brésil) ; il ressemblait un peu aux actuels tatous qui font aussi partie des xénarthres, ou édentés. Mais la cuirasse osseuse du glyptodon formait un seul bloc et sa queue était, elle aussi, protégée par des plaques rigides. Les premiers hommes ont dû s'abriter à l'intérieur de sa carapace, car on a découvert des vestiges de foyer au-dessous de plusieurs d'entre elles.

Le puissant megatherium,
un paresseux aussi grand qu'un éléphant.

Mis à part les fourmiliers vivant de nos jours, les édentés ont de nombreuses dents ! Mais elles sont toutes semblables et l'on ne peut y distinguer ni incisives, ni canines, ni molaires. On suppose que les glyptodons (ici, *Glyptodon clavipes*) mangeaient surtout des végétaux, mais, peut-être aussi tout ce qu'ils rencontraient. Leur carapace leur permettait de se soustraire aux attaques d'ennemis éventuels. L'homme, s'il voulait s'en rendre maître, devait les faire basculer.

A la même époque que le glyptodon et le megatherium, les plaines de l'Argentine étaient fréquentées par panochthus. Plus petit que les glyptodons, il ne mesurait qu'un peu plus de deux mètres, queue comprise. Le crâne de panochthus était particulièrement haut et court.

Les pattes des glyptodons se terminaient par des sortes de sabots et leur squelette était assez résistant pour supporter le poids de leur armure. L'illustrateur a représenté sur la carapace un tatou à neuf bandes, espèce actuellement vivante dans toute l'Amérique à partir du Sud des États-Unis.

Panochthus avait la plus grande carapace de tous les xénarthres. De forme ovale, elle présentait un élargissement à sa partie antérieure et se composait de plaques ornées de dessins polygonaux. L'étui qui protégeait la queue était formé de six anneaux et d'un long tube recouvert de tubercules. Une autre espèce, doedicurus, véritable forteresse de quatre mètres de long et un mètre de haut, avait de grandes épines au bout de la queue, tout comme les glyptodons ; elle vivait en Argentine et en Uruguay.

L'ours des cavernes

Au Pliocène, l'ours mesurait un mètre vingt de long et pesait environ quarante-cinq kilos ; il se rapprochait par ses dimensions de l'ours malais qui vit actuellement dans le sud de l'Asie. Plus tard, l'ours « étrusque » s'est doté d'une silhouette beaucoup plus imposante ; sa taille et son poids se développèrent jusqu'à atteindre ceux de l'ours des cavernes.

Un géant de neuf cents kilos. Contemporain de l'homme de Cro-Magnon (il y a environ trente mille ans) et de l'homme de Neandertal (il y a quelque cent mille ans), l'ours des cavernes avait une taille d'un tiers supérieure à celle de l'ours brun que nous connaissons. Or, les plus gros ours bruns actuellement vivants, les kodiaks de l'Alaska, peuvent atteindre le poids de six cent quatre-vingts kilos, et, parfois, plus. L'ours des cavernes était donc un géant redoutable de huit à neuf cents kilos. Son seul ennemi était l'homme ; comme lui, en effet, il cherchait à s'installer dans des grottes qui constituaient un excellent abri, surtout pour l'hiver. Nos ancêtres furent d'ailleurs sans doute les principaux responsables de sa disparition progressive, il y a environ dix mille ans ; ils chassaient cet énorme animal avec des épieux.

Une épaisse fourrure. L'ours des cavernes vivait au Pléistocène, époque qui connut de grandes glaciations ; pendant celles-ci, les animaux durent fuir ou s'adapter au refroidissement du climat et à l'appauvrissement de la végétation. Mais l'ours des cavernes, bien protégé par son épaisse fourrure, était armé pour vivre dans ce milieu désolé. Comme les mammouths, il devait trouver sa nourriture à la limite des zones couvertes de glaces ainsi que dans les forêts de pins et de bouleaux qui s'étendaient alors sur de vastes surfaces.

Au Pléistocène, l'ours des cavernes fut le carnivore le plus répandu en Europe ; on en a trouvé de nombreux restes dans plusieurs grottes. Cependant, les squelettes complets sont rares ; aussi le plus souvent, les paléontologistes ont dû se contenter des crânes, des dents et d'autres os isolés.

Les ours proviennent d'autres animaux qui firent la transition entre eux et des sortes de chiens qui vécurent à la fin de l'ère tertiaire : les chiens-ours.

Le face à face impressionnant de l'ours des cavernes et des hommes de la préhistoire.

On pense que l'ours des cavernes était surtout végétarien. Mais on sait que l'ours brun a un régime omnivore ; il mange donc tout ce qu'il trouve : des petits rongeurs, des poissons, des fruits, des bourgeons et même des cadavres ! Etant donné la ressemblance entre les deux espèces, on peut admettre que l'ours des cavernes, le grand cousin de celui que nous connaissons, avait les mêmes habitudes.

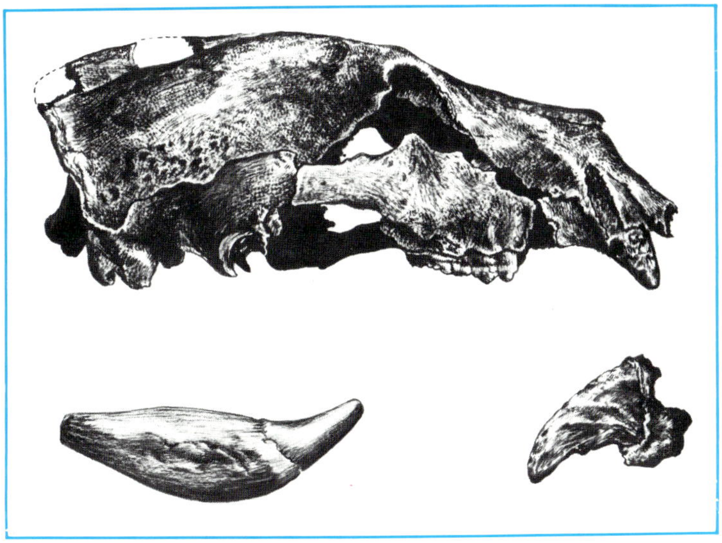

L'ours des cavernes différait de l'ours brun par sa plus grande taille, par ses os plus robustes, son front plus vertical et très haut, et, enfin, par la forme générale de son crâne faiblement allongé. On voit ici, outre le crâne, une griffe (à droite) et une dent (à gauche)

Cette silhouette qui orne la grotte de Tayjat, en Dordogne, représente un ours des cavernes remarquablement «croqué» par un artiste du Paléolithique. A cette époque, l'homme vivait de chasse, de pêche et de cueillette. L'ours était pour lui aussi bien un ennemi qu'un gibier.

Cousin de l'ours brun, celui des cavernes (ci-dessous) est apparu au cours des dernières glaciations, il y a de cela trois cent mille ans environ. Mais, avant lui, il y avait d'autres animaux de la même famille ; ainsi *Ursus etruscus* (il y a sept cent mille ans). Les ours existent depuis le Pléistocène. Leurs fossiles ont été trouvés dans l'Ancien Monde et en Amérique. Jadis, la famille des ours était beaucoup plus importante : elle comptait onze à douze groupes qui ont disparu (de nos jours il n'y en a plus que quatre réunissant sept espèces).

Uintatherium et megaceros

Une ramure enchevêtrée. Il y a quelques milliers d'années, un cerf, vivant en Irlande, portait les bois les plus grands que l'on ait jamais trouvés : sa ramure atteignait en effet de trois à quatre mètres d'« envergure » et pesait jusqu'à trente-huit kilos ; chez le cerf noble de nos forêts, elle ne dépasse pas dix-huit kilos et a une envergure d'environ un mètre cinquante. A la même époque, mais en Italie, un autre cerf se distingua par ses bois extrêmement ramifiés. Leurs nombreux andouillers se divisaient à leur tour et l'ensemble formait un véritable et prodigieux enchevêtrement !

L'hypertrophie est le développement excessif de certaines parties du corps ; on observe ce phénomène, non seulement chez certains animaux préhistoriques, mais aussi chez des espèces actuellement vivantes. Les savants l'ont appelé hypertélie. A l'ère tertiaire (Éocène) et au Quaternaire (Pléistocène) vécurent des mammifères terrestres de grande taille ou caractérisés par la possession d'ornements sortant de l'ordinaire (bois de cervidés en particulier). Les uns appartenaient à des lignées qui ont complètement disparu de nos jours ; d'autres faisaient partie de familles encore représentées actuellement. Ainsi, le megaceros, souvent appelé cerf d'Irlande, a été découvert dans des tourbières de la grande île. Il vivait au Pléistocène et au Néolithique. Seuls les mâles portaient des bois. Cylindriques, ceux-ci s'aplatissaient puis s'étalaient largement. Leur poids était dix-huit fois plus élevé que celui du crâne ; aussi l'animal devait-il éprouver des difficultés à fuir devant un prédateur, à brouter ou à se déplacer avec cette masse encombrante.

Un animal à six cornes. Le groupe des dinocérates, représenté en Amérique du Nord et en Mongolie, réunissait quelques-uns des plus gros mammifères vivant à l'Éocène ; ils ont tous disparu sans laisser de descendants directs. L'un de ces dinocérates, uintatherium, mesurait deux mètres cinquante de haut.

Uintatherium, avec ses deux défenses et ses six cornes.

Ce megaceros s'est enlisé dans une tourbière dont il essaie vainement de sortir. Les tourbières ont livré des restes d'animaux, de plantes et d'hommes qui vivaient il y a quelques dizaines de milliers d'années ou encore moins. Tous ces restes étaient en assez bon état, car la décomposition se fait difficilement dans la tourbe. On a retrouvé de nombreux squelettes entiers de megaceros ; deux espèces ont été distinguées au début du xxe siècle.

Les polyclades, dont on voit ici un crâne, constituent un autre exemple d'animaux remarquables qui ont cessé de vivre pour des raisons demeurées obscures. Peut-être étaient-ils tout simplement très embarrassés par leur ramure, grande et lourde ?

Au Pléistocène, des rennes vivaient dans les Alpes et dans les Pyrénées ! Nos ancêtres nous ont laissé des preuves de l'intérêt qu'ils portaient à ces animaux sous forme de peintures rupestres et de gravures. Celle-ci, exécutée sur ivoire, provient de Kesserloch, près de Schaffhouse en Suisse.

Les sub-ongulés sont des mammifères dont les éléphants, les damans et les lamantins forment les groupes les plus proches. Un groupe a complètement disparu et ne nous est connu que par des fossiles ; il comporte des grosses bêtes présentant une vague ressemblance avec les rhinocéros actuels car elles possédaient de grandes cornes. L'arsinoitherium en est le meilleur exemple. Il vivait en Égypte durant l'Oligocène. Sa tête portait deux paires de cornes creuses, les plus longues en avant. Arsinoitherium mesurait trois mètres de long.

Le mammouth

Un animal imposant. Les mammouths n'ont pas été ces géants que l'on imagine parfois ! Bien sûr, les plus grands atteignirent quatre à quatre mètres cinquante de haut et leurs puissantes défenses recourbées mesuraient jusqu'à trois mètres cinquante de long pour un poids de cent dix à cent trente kilos. Mais qu'est cela en comparaison des gigantesques dinosaures ? Toutefois, ces pachydermes, recouverts de longs poils roussâtres ou noirs, et dont la tête était surmontée d'une bosse de graisse, avaient un aspect redoutable : ils ont dû impressionner nos lointains ancêtres quand ils se trouvaient en présence d'un troupeau, il y a un peu plus de dix mille ans. On ne peut parler du mammouth, car les savants en ont reconnu plusieurs espèces ; leurs restes ont été découverts dans l'hémisphère Nord (Europe, Asie, Amérique et, vers le sud, au niveau de la mer Caspienne et du lac Baïkal). Au total, les chasseurs et les explorateurs ont exhumé les restes plus ou moins complets d'environ vingt-cinq mille de ces bêtes.

Des fossiles bien conservés. Les mammouths font partie des animaux fossiles les mieux connus. En effet, leur disparition est très récente, comparée à celle d'autres espèces préhistoriques. En outre, de nombreux restes nous sont parvenus en bon état, car ils étaient conservés dans les gigantesques réfrigérateurs naturels que représentent les sols perpétuellement gelés de l'Arctique. Ainsi, au lieu d'empreintes ou de quelques fragments de squelettes, les savants ont pu étudier le sang, la peau, les muscles, le pelage et même la nourriture de ces gros animaux !

Le plus célèbre des mammouths, celui qui fut trouvé au bord de la Berezovka, affluent de la Kolyma, fleuve de Sibérie orientale, avait l'estomac et même la gueule encore remplis d'herbes et de rameaux ! Le nombre des mammouths parvenus en bon état dans les laboratoires est très faible car, surtout en Sibérie, les difficultés du transport ont été considérables.

Un troupeau de mammouths en marche.

Les hommes préhistoriques chassaient les mammouths de différentes façons. L'une des plus sûres consistait à creuser une fosse qui était dissimulée en surface, et d'où le gros animal ne pouvait sortir ; il fallait alors l'achever avec des épieux. Mais cette méthode était hasardeuse, car les mammouths pouvaient passer à côté de la trappe. Entre les dernières périodes glaciaires, la place des mammouths fut tenue localement (notamment en Espagne) par un éléphant qui avait des défenses rectilignes. L'homme le chassa également pour s'en nourrir.

Les dents des mammouths révèlent leur parenté avec les éléphants. Les mammouths avaient une seule molaire fonctionnelle de chaque côté de la mâchoire (supérieure ou inférieure), exactement comme les éléphants. A gauche, dent d'éléphant d'Afrique, à droite, dent de mammouth.

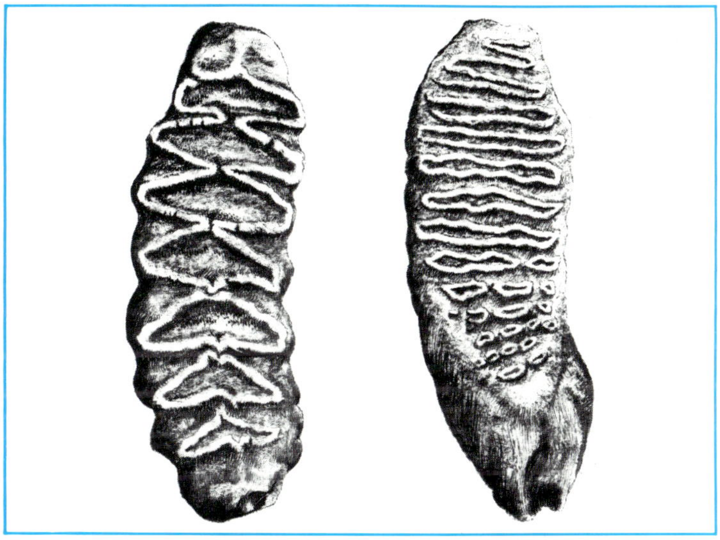

Les mammouths firent partie d'une longue lignée de gros mammifères connus depuis l'Oligocène. Parmi les premiers, les mastodontes sont les plus célèbres. L'étude de leur sang a montré que les mammouths étaient plus proches de l'éléphant d'Asie que de celui d'Afrique.

Les mammouths ont joué un rôle important dans l'existence des hommes de la préhistoire. Différents vestiges le prouvent : ainsi les dessins et les gravures ornant la paroi de certaines grottes comme celles de Rouffignac (ci-dessous) et des Eyzies-de-Tayac, Dordogne.

Quelques tailles comparées à celle de l'homme

Tyrannosaure, voir page 20.

Sthruthiomimus, voir page 21.

Brachiosaurus, voir page 25.

Nystriosaurus, voir page 17.

Dinichthys, voir page 11.

Monoclonius, voir page 33.

Imprimé en France par AUBIN IMPRIMEUR, 86240 Ligugé — N° d'impression P 30324
Dépôt légal n° 1581-01-89 — 29.60.0539.09
I.S.B.N. 2.01.004316.2

Loi n° 49-956 du 16 juillet 1949 sur les publications destinées à la jeunesse. — Dépôt 01-89.

29/0539/6
89-I

Chez le même éditeur

COLLECTION
DOCUMENTS NATURE
(dirigée par les CEMEA)

☐ Animaux du bord de mer
☐ Animaux des bois et des forêts
☐ Animaux des maisons et des jardins
☐ Animaux des rivières et des étangs
☐ Animaux des villes et des parcs
☐ Animaux de la montagne
☐ La nuit
☐ La campagne
☐ Les animaux bâtisseurs
☐ Les animaux chasseurs
☐ Les langages des animaux
☐ Les animaux qui piquent

COLLECTION
ÉCHOS ENCYCLOPÉDIES

☐ Dinosaures et animaux disparus
☐ La France sauvage : plantes et animaux protégés
☐ L'atome : De la matière inerte aux êtres vivants
☐ Guide de l'astronomie d'amateur